时代印记

王志艳 编著

寻找

成吉思汗

延边大学出版社

图书在版编目（CIP）数据

寻找成吉思汗/王志艳编著.—延吉：延边大学出版社，2013.8(2020.7 重印)

ISBN 978-7-5634-5927-8

Ⅰ.①寻… Ⅱ.①王… Ⅲ.①成吉思汗（1162～1227）—传记—青年读物②成吉思汗（1162～1227）—传记—少年读物 Ⅳ.① K827=47

中国版本图书馆 CIP 数据核字 (2013) 第 210671 号

寻找成吉思汗

编著：王志艳
责任编辑：孙淑芹
封面设计：映像视觉
出版发行：延边大学出版社
社址：吉林省延吉市公园路 977 号 邮编：133002
电话：0433-2732435 传真：0433-2732434
网址：http://www.ydcbs.com
印刷：唐山新苑印务有限公司
开本：690×960 1/16
印张：11 印张
字数：100 千字
版次：2013 年 8 月第 1 版
印次：2020 年 7 月第 3 次印刷
书号：ISBN 978-7-5634-5927-8
定价：29.80 元

版权所有 侵权必究 印装有误 随时调换

前言

历史发展的每一个时代，都会有对后世产生巨大影响的人物，都会有推动我们前进的力量。这些曾经创造历史、影响时代的英雄，或以其深邃的思想推动了世界文明的进步，或以其叱咤风云的政治生涯影响了历史的进程，或以其在自然科学领域中的巨大成就为人类造福……

总之，他们在每个时代都留下了深深的印记，烙上了特定的记号。因为他们，历史的车轮才会不断前进；因为他们，每个时代的内容才会更加精彩。他们，已经成为历史长河的风向标，成为一个时代的闪光点，引领着我们后人走向更加深邃的精神世界和更加精彩的物质世界。

今天，当我们站在一个新的纪元回眸过去的时候，我们不能不提起他们的名字，因为是他们改变了我们的世界，改变了人类历史的发展格局。了解他们的生平、经历、思想、智慧，以及他们的人格魅力，也必然会对我们的人生产生深刻的影响。

为了能了解并铭记这些为人类历史发展做出过巨大贡献的人物，经过长时间的遴选，我们精选出一些最具影响力、最能代表时代发展与进步的人物，编成这套《时代印记》系列丛书，其宗旨是：期望通过这套青少年乐于、易于接受的传记形式的丛书，对青少年读者的成长产生潜移默化的影响，使他们能够从中吸取到有益

前言

的精神元素，立志奋进，为祖国、为人类作出自己的贡献。

本套丛书写作角度新颖，它不是简单地堆砌有关名人的材料，而是精选了他们一生当中最富有代表性的事迹与思想贡献，以点带面，折射出他们充满传奇的人生经历和各具特点的鲜明个性，从而帮助我们更加透彻地了解每一位人物的人生经历及当时的历史背景，丰富我们的生活阅历与知识。

通过阅读这套丛书，我们可以结识到许多伟大的人物。与这些伟人"交往"，也会进一步提高我们的思想品格与道德修养，并以这些伟人的典范品行来衡量自己的行为，激励自己不断去追求更加理想的目标。

此外，书中还穿插了许多与这些著名人物相关的小知识、小故事等。这些内容语言简练，趣味性强，既能活跃版面，又能开阔青少年的阅读视野，同时还可作为青少年读者学习中的课外积累和写作素材。

我们相信，阅读本套丛书后，青少年朋友们一定可以更加真切、透彻地了解这些伟大人物在每个时代所留下的深刻印记，并从中汲取丰富的人生经验，立志成才。

导 言
Introduction

　　成吉思汗（1162—1227），孛儿只斤·铁木真，又称元太祖。孛儿只斤氏，名铁木真，蒙古族。世界历史上伟大的政治家、军事家之一，曾与他的后继者率领蒙古大军如飓风一般席卷中亚细亚及东部欧洲，摧毁了沿途许多由不同民族和部落建立起来的城市和村庄，打通了无数封建割据的关卡，使蒙古人的帝国东起太平洋，西至东欧的多瑙河，北迄西伯利亚，南达波斯湾，中心则在中国的黄河地区。在这个辽阔的疆域内，政治、经济、文化、军事几乎都是统一的、高度集权的。

　　为此，人们用"一代天骄""世界的皇帝""人类的帝王"等最重量级的词汇来称呼成吉思汗。他是中华民族历史上的英杰，是蒙古民族最伟大的英雄。正因为有了成吉思汗的存在，蒙古民族才得以形成，蒙古草原的历史才得以改变，甚至生物学中将亚洲人种称为蒙古人种，也是受到了他的影响。

　　1162年，成吉思汗出生于蒙古乞颜部的一个贵族世家。在其降生时，父亲也速该刚好在作战中俘获了塔塔儿部首领铁木真兀格。为纪念此次战役的胜利，父亲给他取名为铁木真，意为"像钢铁一样坚强""铁之最精者"，希望儿子长大后能够孔武有力，坚强如铁。

　　幼年时期，父亲也速该遇害，铁木真也屡次遭难，生活艰辛。当时，他所属的民族经济落后，人口稀少，而草原各部落之间又纷争不断，十分混乱。

　　然而，就是在这种艰难困苦的条件之下，铁木真奋发而起，以惊人的胆略、恢弘的气度，以及百折不挠的精神，崛起于蒙古大漠之中，创造了扫清六合、席卷八荒的伟大事业，并成为蒙古大草原的统治者，尊号为"成吉思汗"。

时代印记·导言

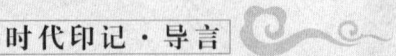

此后,成吉思汗东征西讨,不但统一了蒙古各部,还统一了中国的北方;而他的后代子孙后来更是开创了横跨欧亚的强大帝国,统辖了当时已知世界五分之四的土地和50多个民族。成吉思汗的功绩,至今还被世人视为无人能够超越的"奇迹"。

1227年7月,成吉思汗在六盘山下的清水县病逝,享年66岁。

本书从成吉思汗的儿时生活开始写起,一直追溯到他以惊人的雄才伟略,带领一批能征善战的将领和谋士,统一蒙古草原、统一中国北方,最终创造出震撼世界的卓越成就,再现了这位世界伟大的政治家、军事家具有传奇色彩的一生,旨在让广大青少年朋友了解这位蒙古草原上的雄鹰不平凡的人生经历,并从中汲取他那种不息抗争、积极进取、勇敢坚毅、睥睨一切艰难险阻的英雄主义精神和气魄,同时也对他的是非功过进行辨证的认识。

目 录
contents

第一章　天降战神　/1

第二章　九岁丧父　/8

第三章　新娘被掳　/15

第四章　羽翼渐丰　/25

第五章　战场搏杀　/33

第六章　败塔塔儿　/41

第七章　巩固汗位　/49

第八章　击溃联军　/57

第九章　避敌锋芒　/67

第十章　兄弟盟誓　/75

目录

第十一章　灭克烈部　/83

第十二章　一统蒙古　/89

第十三章　灭夏伐金　/99

第十四章　艰难西征　/109

第十五章　战摩柯末　/117

第十六章　进军欧洲　/125

第十七章　痛失哲别　/137

第十八章　再征西夏　/145

第十九章　版图剧增　/153

第二十章　魂归草原　/160

成吉思汗生平大事年表　/167

第一章　天降战神

你的心胸有多宽广，你的战马就能驰骋多远。

——（元）成吉思汗

（一）

在我国的东北边疆上，有一条滔滔东流的大江，即著名的黑龙江。黑龙江的上游名叫额尔古纳河。唐朝时期，人们将这条河叫做望建河。

望建河源出俱伦泊，也就是今天内蒙古的呼伦湖。望建河的南岸生长着幽深的密林，俱伦泊的周围则水草丰满。这里，就是蒙古部的祖先最早生息、繁衍和劳动的地方。

蒙古部的祖先是中国境内东胡语系室韦的一支。唐朝时期，人们都称他们为"蒙兀室韦"。"蒙兀"就是蒙古部祖先最早的称号，他们也是室韦部落联盟诸部之一。当时，"蒙兀室韦"人已经开始驯养牛马，有了初步的畜牧业。但社会发展还处于原始社会末期，氏族制度刚刚开始瓦解。

公元7世纪，蒙古部人在他们的首领孛儿帖赤那（成吉思汗的始祖）的率领下，渡过俱伦泊西迁，来到今蒙古高原的克鲁伦河和鄂尔浑河流域驻牧。从此，肯特山地区便成为蒙古部活动的中心。

在蒙古部来到蒙古高原之前,这里一直生活着北方的游牧民族。早在公元前3世纪时,匈奴族就统一了大漠南北,建立了奴隶制政权。匈奴人善于畜牧,经常以数以万计的牛马和中原地区进行交易。

后来,匈奴政权瓦解,鲜卑、柔然、突厥等少数民族又先后控制大漠南北。这些民族与匈奴一样,都建立过政权,也都从事过畜牧经济,与中原地区关系密切。中原地区先进的生产工具与产品,丰富了草原地区的文化生活。

因此,迁居到蒙古高原来驻牧的蒙古部人,在与突厥、鲜卑等各族人民的相处过程中,不断接受这些民族原有的政治、文化等方面的影响,走上了不断发展的道路。

在唐朝中期以前,呼伦贝尔富饶的草原一直都是蒙古各部落放牧的地方。除了7世纪时蒙古部西迁之外,在呼伦贝尔南部还居住着鞑靼部落。到唐朝中期,这个部落也逐渐发展壮大起来。

到公元9世纪,鞑靼人开始西迁,并与大漠南北的各族人民杂居,其势力一直扩展到阴山、贺兰山和鄂尔浑河、克鲁伦河流域。显然,此时的鞑靼联盟已经形成。

公元10世纪,契丹人在辽河上游的西拉木伦河流域崛起,并于公元916年建立了契丹(后改为辽)政权。此后,契丹族不断对蒙古各部用兵,征服了蒙古各部,还设置府、卫、司等机构进行管辖。

在10世纪上半叶时,蒙古各部都处于"人多散居,无所统一"的状况之下,鞑靼部落联盟也很松散。当时较大的部落有:阴山一带的"阴山阴卜"(即白鞑靼),肯特山一带的蒙古部(即黑鞑靼),呼伦泊至哈拉哈河一带的乌古部(即后来的翁吉剌部),克鲁伦河下游一带的敌烈部(即塔塔儿六部之一),图拉河、鄂尔浑河一带的"北阻卜"(即北鞑靼,后来的克烈部)。其中力量最强大的,自然是呼伦贝尔草原的鞑靼本部。

公元919年,辽太祖耶律阿保机大举北征,征服了乌古部;后来辽太祖耶律德光又征服了敌烈部。同时，辽政府还派兵征服了西北的蒙古各部，专门设立西北路招讨司管辖各个属部。这样一来，鞑靼的部落联盟便逐渐瓦解了。

西迁到漠北高原的蒙古部落发展也很快。公元10世纪时，成吉思汗十一世祖母阿阑果阿的丈夫死后，相传她因感受灵光而生下三个儿子，他们的后裔被成为尼伦部。"尼伦"在蒙古语中是"腰脊"的意思，转意为山脊、山顶之意。在尼伦部里，又分出许多小部落，如乞颜、哈塔斤、别速惕、泰赤乌、阿答尔斤等。

到12世纪初，成吉思汗的曾祖合不勒统一了尼伦各部，并开始称"汗"，后来还多次进攻金朝的边境。

合不勒汗死后，其弟俺巴孩继位。俺巴孩汗从长远考虑，不愿再与同为蒙古人的塔塔儿人为敌，便准备与塔塔儿人联姻。于是，他就将自己的女儿嫁到塔塔儿部，并亲自送去。

俺巴孩汗在前往塔塔儿部时，为防止自己发生意外，曾指定了自己的接班人，并嘱咐说：如果自己发生意外，后代一定要为他报仇。

不料，塔塔儿人为讨好大金国，趁俺巴孩汗送女儿过来之机逮捕了俺巴孩汗，并将其献给金国。

俺巴孩汗被送到金国后，金国皇帝不但从语言上侮辱他，还对他施加了酷刑，用一种极其残忍的酷刑——"钉木驴"刑，残酷地杀害了俺巴孩汗。

（二）

俺巴孩汗被害后，尼伦部便一致推举合不勒汗的第三个儿子，即成吉思汗的叔祖父忽图剌为汗。忽图剌一登上汗位，马上率领蒙古人前往塔塔儿报仇，共发动了13次向塔塔儿人讨还血债的战争。但是，每次战争都互有胜负，蒙古部落并没能打败塔塔儿部。

在历次战争中，忽图剌汗的一个侄子，也就是成吉思汗的父亲也速该迅速成长起来。也速该作战勇猛，弓马娴熟，刀剑挥舞起来如同闪电，每次战争中都能杀死和俘虏数量最多的敌人，从而在蒙古族人中获得了"巴特儿"（勇士）这样光荣的称号。

也速该的名声越来越响亮，很快就赢得了本族乞颜氏全体部众的拥戴，扩大了自己的实力。但是，他也由此招来了兄弟部族泰赤乌人的忌恨。

忽图剌汗死后，乞颜部与泰赤乌部在确立汗位继承人的问题上出现了分歧，久议不决。也速该虽然被拥立为乞颜部的首领，但始终也未能登上汗位。

不过，也速该也没有一定要登上汗位的意思，他只是带领着自己的部属们以放牧、狩猎为生。但在内心里，他一刻都没有放弃向塔塔儿人复仇的念头。

这一天，也速该与他的哥哥捏坤太石、弟弟答里台正在草原上放牧。忽然，弟弟答里台发现不远处一位蔑儿乞人正在娶亲。接亲的牛车停了下来，从车上下来一位美丽的姑娘。

这位姑娘就是当天结婚的新娘，名叫月伦。也速该兄弟三人见状，快马加鞭，旋风一般追到牛车前，随即也速该抢过牛缰绳，捏坤太石护着车辕，答里台吆喝着他们的羊群，高高兴兴地回去了。

就这样，也速该娶了抢来的新娘月伦作为自己的妻子。月伦开始时很不情愿，但她也知道，在草原上，抢婚的事儿自古以来就很常见，并不是什么罪恶之事。这里的女人完全无法掌握自己的命运，只能像牛羊财物一样被抢来抢去。

而且月伦发现，自己的丈夫也速该不仅长得英俊魁梧，还十分勇敢可靠，是个真正的男子汉，也是自己完全可以信赖的保护神，又对自己十分体贴疼爱，因此对也速该也渐渐有了感情。

此后，月伦便一心一意与也速该过日子。夫妻二人十分恩爱，日子也过得和和美美的。

但是，勇士也速该并不满足于这种平淡的生活，他心里那团仇恨的火焰一天也没有熄灭。为了能给先祖报仇，他每时每刻都在寻找复仇的机会。不久，机会终于来了。

一天，也速该的部属们侦察得知，塔塔儿部的大汗扎不里花当天过生日，塔塔儿人要在夜里举行盛大的篝火宴会，为他们的大汗庆祝。也速该马上将部落中的男人们都集结起来，备好快马和刀剑弓弩，杀了过去，结果大获全胜，生擒了扎不里花汗和塔塔儿部最勇猛的战将铁木真。

（三）

当也速该和他的部属们兴高采烈地回到驻地时，已经是晨曦初露的黎明时分了。这一天，是南宋高宗绍兴三十二年，金世宗大定二年的四月十六日，即公元1162年5月31日。

忽然，也速该听到从自己的帐篷里传来一阵响亮的婴儿啼哭声，难道是自己的第一个孩子出生了？

也速该飞速从马背上跳下来，箭一样冲入帐幕中。没错，妻子月伦刚刚生下了他们的第一个孩子，一个健壮、可爱的男婴。

这可真是双喜临门，天大的好事！也速该欣喜万分，高兴得像个孩子一样。为纪念他这次突袭的战功，也速该便用他所俘获的塔塔儿部战将铁木真的名字为自己的儿子命名。

在蒙古语中，"铁木真"有"像钢铁一样坚强""铁之最精者"的含义。也速该和月伦希望自己的儿子长大后，能够孔武有力，坚强如铁。这个被寄托了美好希望的男婴，就是日后蒙古草原上的英雄、欧亚大陆的统治者、世界最大帝国的主人成吉思汗。

关于成吉思汗的生年，过去一直众说纷纭，我们这里采用《元史》的说法。据《元史·太祖本纪》中记载，成吉思汗死于1227年，"寿六十六"。成吉思汗的去世时间是没有疑问的，由他去世时的年龄逆推，他应该出生于1162年。

此外，元人陶宗仪的《辍耕录》中，也有"寿六十六"的记载。《圣武亲征录》则记癸亥（1203年），成吉思汗42岁，恰好与生于1162年相符。

在蒙文史料中，《蒙古源流》《蒙古黄金史》等，也都明确记载成吉思汗生于壬午（1162年），死于丁亥（1227年）。因此，这个生年是大多数历史学家所同意的。

也速该对塔塔儿一战的巨大胜利，令他在族人们心中的威望更加提高。就连一向忌恨他的泰赤乌部与其他氏族部落中，也有不少人纷纷前来投靠，从而让他的队伍迅速壮大起来。也速该也不失时机地收拢队伍，练兵备战，准备在有生之年再对塔塔儿部落进行一次毁灭性打击，为他的先祖彻底复仇。

就在此时，克烈部的脱里汗率领数百名将士狼狈逃到也速该的营地。原来，他是被叔父菊儿汗率众造反赶下了台，在走投无路的情况下前来求救的。

对于脱里汗，也速该也是久闻大名的。虽然他眼下十分狼狈落魄，但他其实是当时高原诸部落中少有的英雄。也只有他，才能真正有能力统领整个克烈部。而克烈部也是塔塔儿人的世仇，如果现在帮助了脱里汗，日后在向塔塔儿部讨还血债时，脱里汗也许能成为自己最有力的盟友。

考虑到这些因素，也速该热情地接纳了脱里汗，并答应脱里汗，自己一定会协助他夺回他的宝座和臣民。

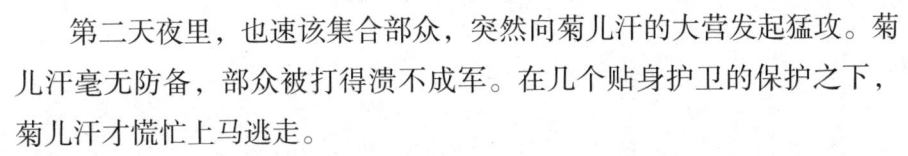

第二天夜里，也速该集合部众，突然向菊儿汗的大营发起猛攻。菊儿汗毫无防备，部众被打得溃不成军。在几个贴身护卫的保护之下，菊儿汗才慌忙上马逃走。

　　由于也速该的帮助，脱里汗重新夺回了权力和臣民，再一次成为克烈部的大汗。为此，脱里汗对也速该感激万分，并向着茫茫草原发誓：

　　"在这生死关头，您帮助了我，让我起死回生。我和我的部族将永远铭记您的恩德。我的感激将施及你的子子孙孙，有皇天后土为证！"

　　也速该也相信，脱里汗的感激是发自内心的，高原上真正的英雄绝对不会食言。于是，这两个顶天立地的汉子一起跪在图拉河黑林的大地上宣誓，从此结为兄弟，两个部族也要世代并肩战斗，永远友好下去。

第二章　九岁丧父

要让青草覆盖的地方都成为我的牧马之地。

——（元）成吉思汗

（一）

铁木真的童年生活是先甜后苦、跌宕起伏的。父亲也速该是乞颜氏部落的勇士，在乞颜部落中深受族人的尊敬和爱戴。父亲威望过人，小小的铁木真作为也速该的长子，自然也备受大家的喜爱。但是，这种幸福的生活并没有持续多久。

铁木真长到9岁时，便生得一副敦敦实实、虎头虎脑的样子，像一匹健壮而充满生气的小马驹。在蒙古草原上，孩子们年纪很小时，父母就会张罗着给他们订婚。作为贵族的儿子，也速该自然也认为铁木真该订婚了。

草原上的游牧民族，自古以来便有着严格的族外婚风俗。按照这一传统，也速该决定给儿子从他的舅舅家，也就是月伦夫人的娘家——弘吉剌部，挑选一个漂亮能干的姑娘作媳妇。弘吉剌部出美女，草原上的人们都知道，月伦夫人就是远近闻名的美人。

这天早晨，天刚刚放亮，也速该便带着儿子铁木真，骑上两匹快马，向弘吉剌部所在地飞奔而去。

时至下午，当铁木真父亲走到扯克彻儿山和赤忽儿古山两山之间的一片草地上时，碰巧遇到了弘吉剌部的贵族德薛禅老人。《蒙古秘史》用极富有浪漫色彩的笔调描绘了这次历史意义上的相遇。

德薛禅老人见到也速该后，便礼貌地道：

"也速该忽达（意为"亲家"，指有嫁娶关系部落之间的互称），你们这是准备到哪里去？"

也速该指了指儿子铁木真，不无得意地说：

"我的儿子铁木真已经9岁了，想到他舅舅那边去求婚。"

德薛禅老人仔细打量了铁木真一会儿，然后对也速该说道：

"我看这孩子眼神如火，容颜生光，将来必定是个做大事的人。昨天夜里我做了一个梦，梦到一只白色的鹰抓着日月飞奔过来，落在我的手里。我想，这白色的鹰是吉祥的象征，这个吉兆应该就在你的儿子身上。"

也速该听了老人的话，又高兴又惊讶。

这时，德薛禅老人又接着说：

"我的女儿孛儿帖，今年10岁了。她有着娴静的美貌、后妃般高贵的举止和金子般善良的心，就让我们做亲家吧。"

说完，德薛禅盛情地邀请也速该父子到自己家中看看。也速该不好拒绝，只好带着铁木真来到德薛禅家中，见到了孛儿帖姑娘。

孛儿帖虽然比铁木真大一岁，但的确生得眉清目秀，容貌美丽，且又文静大方，与铁木真简直是天造地设的一对，也速该十分中意。

第二天早晨，在征得儿子铁木真的同意后，也速该正式向德薛禅老人求亲。按照蒙古人的风俗，求亲要进行三次，前两次女方家长要故意推辞，但德薛禅老人在也速该父子第一次求亲时就一口答应了。他爽朗地笑道：

"难道多次求亲再答应才算高贵吗？莫非一次求亲即答应就是卑贱？这是命中注定的好姻缘，我为什么要推三推四呢？"

就这样，铁木真与孛儿帖的婚约顺利地定下来了。按照当时的古老习俗，德薛禅老人提出让铁木真住在他的家中。这种风俗当时也只是一种象征，等几年后男人长大，就可以将妻子领回家了。

（二）

也速该留下儿子铁木真后，自己骑马踏上了归途。走到扯克彻儿山附近时，也速该感到又渴又饿，碰巧遇到塔塔儿人正在草原上摆设酒宴。蒙古人风俗淳朴，只要有客人来，不用请求，就会以饮食招待。因此，也速该便加入到塔塔儿人的酒宴中，准备填补肚子后再赶路。

不幸的是，塔塔儿人认出了也速该就是乞颜部的勇士，也记得当年他曾攻击过自己的部族，还掳走了两位首领。于是，他们偷偷在也速该的饭食中下了毒。

也速该吃过饭后便上马再行，很快就毒性发作，腹痛难忍。也速该忍着剧痛，在草原上走了三天才勉强回到家中，不久就死去了。

在临死前，也速该将自己最信任的下属蒙力克找来，将塔塔儿人谋害他的经过告诉蒙力克，并委托他照顾自己的妻子和孩子们，同时让蒙力克马上把铁木真找回来，嘱咐他长大后向塔塔儿人讨还血债。

蒙力克按照也速该的临终遗言，将铁木真从岳父家中接回来。不过，这是《蒙古秘史》的说法。据洪军的《元史译文证补》中说，铁木真在岳父家中住了4年，直到13岁才回家。

但不论何时回家，铁木真回来时，父亲已经去世多时了。从这一刻起，这个孩子仿佛一下长大了、成熟了。他每天都在心里暗暗发誓，一定要将自己锻炼成草原上的最强者，并耐心等待机会，长大后以眼还眼、以牙还牙，为父亲报仇。

也速该死后，蒙古尼伦部失去了首领，开始四分五裂。泰赤乌部的奴隶主们看到孛儿只斤氏族失去了首领，认为也速该留下的孤儿寡母成不了什么大气候，便带头脱离了孛儿只斤氏的统治，独立游牧去了。

接着，大批的奴隶、护卫和仆从都纷纷离开尼伦部，去寻找新的主人。尼伦部只剩下有限的几个奴仆和极少的牲畜。孛儿只斤氏自此也衰落了。

铁木真的母亲月伦夫人是一位精明能干、有胆有识的女性。她与也速该生了5个孩子，分别是：长子铁木真、次子拙赤·合撒儿、三子合赤温、四子铁木格斡赤斤及女儿帖木伦。另外，也速该还娶了第二个妻子速赤，并生了两个儿子：别克贴儿和别里古台。

也速该一死，铁木真一家的生活很快便陷入窘境。据《蒙古秘史》中说：这年春天，当同族人举行祭祖仪式时，泰赤乌部已故去的俺巴孩汗的两位夫人故意不通知月伦母子，并且还扣留了月伦母子应得的一份祭肉。月伦咽不下这口气，与她们争辩，她们却丝毫不为所动。

第二天一早，自恃势力强大的泰赤乌人举族迁徙，要将部落转移到斡难河上游去，但又故意不告诉月伦母子，使之陷入绝境。蒙力克的父亲察剌合老人看不过去，上前劝阻，结果不仅挨了骂，还被泰赤乌人在背上扎了一枪。

家中没有成年男子，月伦夫人只好挑起重担。她骑上马，手持也速该留下的旌旗，去追赶这些叛离的旧部，苦口婆心地劝他们回来。有些人跟着月伦回来了，但当他们看到月伦母子孤儿寡母终究难以作为靠山时，就又陆续投奔了泰赤乌部。

空空荡荡的草原上，只剩下两座孤零零的帐篷，一座为月伦夫人与铁木真兄妹所居，一座为也速该的第二个妻子速赤和她的两个儿子所居。勇敢的月伦夫人毫不气馁，她束起腰带，裹紧衣裙，奔走在斡难河边、不儿罕山下，采摘山梨、野果，掘取野生的萝卜、沙葱，甚至挖草根回来，抚养孩子们艰难度日。

慈母的日夜辛劳，给孩子们做出了榜样。幼小的儿女们商量着，要用自己的力量为母亲分忧。于是，他们用铁针做成鱼钩，到斡难河边去钓鱼，偶尔也能钓到一条大鱼，但大多钓的都是些小杂鱼。尽管如此，这些已足以令他们的母亲感到欣慰了。

在这段艰难的日子里，支撑着他们母子顽强地生活下去的，是英雄主义的信念和对于敌人的刻骨仇恨。

月伦夫人对儿子们既严格要求，又鼓励鞭策，让他们相信自己是天光所生的后裔，应该成为全蒙古的统治者。她还常常给孩子们讲述祖先的英雄业绩，启发子女们的家族自豪感，鼓励他们继承祖业，发扬家族的优良传统。

（三）

日子一天天过去了，铁木真长到了12岁。奇怪的是，这些用野果和草根喂养大的孩子，一个个都长得壮实得很。

然而，由于生活的贫苦、处境的孤立，再加上眼界的狭窄，铁木真兄弟与同父异母的兄弟之间相处得并不和睦，甚至产生了彼此嫉妒和怨恨之心。

一天，铁木真和同母弟弟合撒儿、异母弟弟别克贴儿一同到河边钓鱼，结果铁木真钓上来的一条银鱼被别克贴儿夺去了。兄弟三人为这件小事争论起来，甚至大打出手。铁木真虽然是老大，但别克贴儿生得身强力壮，最终别克贴儿将鱼夺了过去。

铁木真和合撒儿很不服气，回去向母亲告状。但月伦夫人不但没为铁木真兄弟争理，还批评了他们，认为他们都是兄弟，何必为了一条鱼而争吵呢？

在母亲那里没有获得支持，铁木真这个从小用仇恨喂养起来的孩子，胸中蓄积了多年的怒火突然爆发出来。在他的心里，凡是欺负

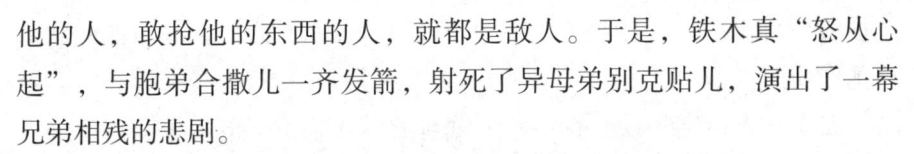

他的人，敢抢他的东西的人，就都是敌人。于是，铁木真"怒从心起"，与胞弟合撒儿一齐发箭，射死了异母弟别克贴儿，演出了一幕兄弟相残的悲剧。

大错铸成，月伦夫人怒不可遏。她狠狠地用鞭子抽打铁木真兄弟，并大骂道：

"你们这些祸害！你们竟然杀死自己同父异母的兄弟，就如同吃胞衣的恶狗，就像生吞猎物的蟒蛇，就像害人的豺狼虎豹！你们不懂得与自家人和睦相处，就好像除了自己的影子别无伙伴一样！就像除了自己的尾巴一无所有的鞭子一样！眼下，你们的杀父仇人塔塔儿人，还有那些抛弃我们的泰赤乌人，随时都会来偷袭我们，你们兄弟不能团结起来，今后怎么能对付敌人？又如何为你们的父亲报仇？"

母亲的怒骂和教诲终于让铁木真明白，在这个世界上，不是只有仇恨和杀戮，还应该有爱和友情。对自己的兄弟，要爱、要亲、要和睦。只有团结起来，才会有力量。如果自己人之间搞分裂，就会分散力量，被敌人各个击破。

此后，铁木真与兄弟们团结起来，再也没有发生矛盾，与另一个异母弟弟别里古台也相处得十分融洽。而别里古台也没有因为铁木真杀死了自己的同母哥哥就对铁木真怀恨在心。相反，长大后的别里古台智勇双全，臂力过人，成为铁木真的得力助手，一生都对铁木真忠心耿耿。成吉思汗后来曾说：

"朕有别里古台之力，合撒儿之射，此朕所取天下也！"

铁木真13岁时，已经是个个子高高、十分雄壮的小伙子了。苦难的经历，令他早已不再将自己当成孩子，别人看到铁木真，也觉得他已长大成人。为此，泰赤乌人十分担心，害怕铁木真长大后会找他们寻仇，想趁着劲敌还未长大时，将他除掉。

一天，泰赤乌首领塔儿忽台率领着一支军队前来袭击铁木真的家。月伦夫人得到消息后，急忙带着孩子们躲到树林中。铁木真、合撒儿、别里古台将母亲、妹妹和两个年幼的弟弟藏到山石当中,而后他们砍来树木作藩篱。

泰赤乌人包围了铁木真一家人藏身的不儿罕山,但由于山高林密,他们不知道铁木真等人究竟藏在哪里,就大声喊道:

"我们只要铁木真出来,其他人一个都不要!"

铁木真一听这些人是冲着自己来的,慌忙独自一人钻入密林深处。泰赤乌人在密林中搜了好几天,一无所获,只好将密林团团围住,以逸待劳,等待铁木真出来。

铁木真在密林中一直藏了9天,又渴又饿,实在没办法,最后才下决心走出密林。然而刚一出来,他立刻就被敌人发现,落入到泰赤乌人手中。

塔儿忽台命人将铁木真用木枷锁住,并严加看守,每到一处都要示众,以此来打消跟随泰赤乌人的孛儿只斤氏族百姓投靠旧主的念头。

一天晚上,泰赤乌人在斡难河边举行宴会,只有一个小孩看守铁木真。铁木真见时机难得,便用木枷将小孩打晕,逃入河边的树林中。

泰赤乌人发现铁木真逃跑后,马上集结起来搜索。在明月和火把的照耀下,铁木真被速勒都思部一个名叫锁儿罕失剌的人发现了。但是,锁儿罕失剌是个很有正义感的人,他一向看不惯泰赤乌人欺负月伦母子的行为。因此他不但没有抓铁木真,还放走了他。

铁木真从泰赤乌人手中逃出来后,却不知道该去向哪里。经过一番心理斗争,他决定到锁儿罕失剌家躲一躲。他记得锁儿罕失剌家整天加工马奶,于是就循着捣奶的声音找到锁儿罕失剌的家。

锁儿罕失剌父亲殷勤地招待了铁木真,并帮助铁木真卸掉枷锁,还给铁木真准备了热乎的饭菜。在这里,铁木真美美地睡了一觉。

第二天,泰赤乌人又进行了大规模的搜查。锁儿罕失剌见情况危急,就将铁木真塞入羊毛车里,总算让铁木真逃过一劫。在锁儿罕失剌的安排下,铁木真骑马逃回了家乡。

第三章 新娘被掳

战胜了敌人，我们共同分配获得的财物。

——（元）成吉思汗

（一）

铁木真的生还让全家人喜出望外。为了躲避泰赤乌人的继续追捕，铁木真一家迁到了远处的古连勒古山中，继续过着艰难的生活。

铁木真被俘时，泰赤乌人顺便将他们的家产一抢而光，所有的牲畜都被赶走了，幸好锁儿罕失剌送给他一匹马。一家人经过苦心经营，日子渐渐渡过难关，牲畜也多了起来，有了9匹马。铁木真对待马匹就像对待亲人一样，天天盼着它们能长得膘肥体壮，骑着它们去奋勇杀敌。

然而有一天，一伙盗马贼突然闯入铁木真家中，盗走了8匹马。马匹是游牧民族最重要的财产，更是穷苦牧民赖以生存的命根子。没有了马，牧民就失去了最基本的生存资料，无法进行狩猎、迁徙，甚至无法出行。

对于生活刚刚有点起步的铁木真一家来说，这简直是致命的一击。铁木真怀着绝望的心情，骑着他仅有的一匹马追赶盗贼。

马走过之处都会留下痕迹，铁木真顺着这些痕迹一路寻找，一连找了好几天也没有追到。第四天清早，他来到一座蒙古包前，看到一个与自己差不多大的年轻人正在忙活着喂牲口，铁木真就上前问他是否看到有人赶着8匹马路过这里。年轻人告诉铁木真，的确有几个人赶着一群马经过这里。

年轻人询问铁木真的姓名，铁木真告诉了他。年轻人一听铁木真的名字后，立即两眼放光，说他终于见到了自己最佩服的人。他还告诉铁木真，自己名叫博尔术，是阿儿剌部人，他的父亲那忽伯颜与铁木真的父亲也速该曾是好朋友。铁木真只身从泰赤乌人手中逃脱，他早有耳闻，并且钦佩不已。

博尔术从自己家中给铁木真牵出一匹更健壮的马，自己也骑上一匹，同铁木真一起去寻找丢失的马匹。两个人一连找了好几天，终于在一个营地里发现了盗马贼。

铁木真和博尔术先观察好动静，商量着到黄昏时再行动。两个年轻人在一起聊得十分投机，还趁着白天时间互相切磋技艺，并相互结为兄弟。

到了晚上，铁木真和博尔术趁盗马贼不注意，将马群赶了出来，然后赶着马群狂奔不止。盗马贼发现后，在后面紧追不舍。铁木真和博尔术用他们随身带的箭射伤了好几个人，阻止了他们的追赶。两人借着月色，将马群赶到博尔术家中。

此时，博尔术的父亲正在为儿子担心呢。一见儿子回来了，非常高兴。博尔术将铁木真介绍给父亲，父亲更是惊喜交加，谈起了他与也速该相交的过程，并勉励铁木真与博尔术日后要互相照顾，福祸同当。

铁木真非常感激博尔术的慷慨相助，真诚地对博尔术说：

"朋友，如果没有你的大力相助，这群马是不可能被夺回来的。现在，我将其中的一半分给你作为报答，以感谢你的相救之恩。"

但博尔术拒绝了铁木真的建议，他说：

"我帮助你不是为了你的报答，只是因为朋友遇到了困难。我父亲的财产已经足够我用了，我什么都不要。不然，我帮助你就没有意义了。"

博尔术的话让铁木真十分感动。两个年轻人的心也因此紧密地连结在一起，从而令他们成为终身心心相印、完全信赖的莫逆之交。

随后，铁木真辞别了博尔术父子，赶着马群回到家中。马匹算是保住了，铁木真一家人都很高兴，但更让铁木真感到兴奋的是，他有了自己平生第一个知心的朋友。

博尔术是铁木真的第一位"那可儿"（"朋友""伙伴"的意思，《元朝秘史》中也译为"伴当"，类似于春秋战国时期的"士"）。不久铁木真结婚后，博尔术就搬到铁木真家中，全心全意帮助铁木真，并追随铁木真参加了南征北战的统一大业。

博尔术对铁木真始终忠心耿耿，而且有勇有谋，屡立大功。后来在合阑真沙陀之战中，博尔术与铁木真失散，铁木真终夜不寐。次日清晨，博尔术单骑归队，铁木真喜极而泣，抚摸着博尔术的脊背叹息道：

"博尔术无恙，天赞我也！"

此刻的铁木真，经过几年的风雨历练后，感到自己已经逐渐成熟了。生活中尽管充满艰难和危险，但锁儿罕失剌父子冒死相救，博尔术父亲真心相助，拨动了铁木真内心深处的希望之火。他渐渐意识到自己内心的巨大潜力，他的活力也开始酝酿起来。

（二）

转眼间，铁木真已经成长为一个健壮的青年，到了该结婚的年龄了。于是，铁木真领着弟弟别里古台一起去寻访居住在克鲁伦河下游的弘吉剌部德薛禅家。尽管此时铁木真的家庭已经一落千丈，但德薛禅老人并没有悔婚。相反，他时刻都在关注着这个女婿的成长。

现在，看到女婿长得强壮高大，德薛禅老人十分高兴。随后，这位诚实而讲信用的老人便与老伴儿一起为女儿准备了婚事，让铁木真与女儿孛儿帖成亲。

同时,老人还送给铁木真一些牛羊,作为女儿的陪嫁。但孛儿帖带过来最值钱的一件东西,是一件珍贵的黑貂鼠皮袄,孛儿帖将它作为见面礼送给了自己的婆婆月伦夫人。铁木真迎来了如花似玉、美丽贤惠的新娘,沉浸在无比的幸福之中。

但是,胸怀大志的铁木真并没有完全沉醉于新婚的甜蜜之中而忘记自己的仇恨:父亲被塔塔儿人毒死;泰赤乌人夺走了本应属于他的部众,并几乎将他杀害,铁木真立誓要为父亲报仇,为自己雪恨。

然而,势孤力单的铁木真此刻还没有能力做到这些。他从母亲的教诲和自己的经历中深深懂得,靠自己单枪匹马地寻仇,是难成大业的。只有联合更多的人,不断充实自己的实力,才可能有所作为。

因此,长大后的铁木真开始运用他父亲留下的威信,不断召集原来的部众,打开局面。铁木真招揽人才的消息一传出去,许多足智多谋之士相继来投,许多勇敢善战的勇士更是摩拳擦掌,聚集在铁木真周围。

铁木真的第一个"那可儿"是博尔术,接着,他的"那可儿"越来越多。者勒蔑的父亲扎儿赤兀听说铁木真在召集人马后,也背负着风匣远道而来投靠。

据说,扎儿赤兀的背上长期背着一个打铁用的风匣,以向人表示自己是个匠人,不问政治。但在风匣当中,却藏有珍贵的貂鼠皮袄。

扎儿赤兀认为,铁木真日后必成大器,因此带着这件贵重的见面礼,还有他的两个儿子者勒蔑和察孛儿罕,一起来到铁木真帐下,让两个儿子做铁木真的"伴当",以此表示世代子孙都拥戴铁木真为主。他对铁木真说:

"在斡难河帖里温孛勒答黑地方,当你出生时,我就给你尊贵的父亲奉献过黑貂皮的襁褓。当时,我还想将者勒蔑这个孩子献给你,只是因为他年龄太小,我又领了回去。现在,经过我的抚育,他已经长

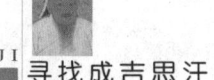

大了。请你留下他，让他给你备鞍、守门，伺候你吧！"

铁木真很感动，热情地接待了扎儿赤兀父子三人。后来，者勒蔑和察孛儿罕都成为铁木真手下的名将。尤其是者勒蔑，忠诚勇敢，曾几次救过铁木真的命，并成为铁木真麾下的"四獒"之首。而者勒蔑的儿子也孙帖额后来也曾随铁木真为怯薛千户，历仕三帝，功勋卓著。他们父子均为标准的军人，铁木真后来曾说：

"诸将之勇，无过也孙帖额，终日战而不疲，不饮不食亦不饥渴。"

此时的铁木真周围将士越来越多，他也表现出了很强的领导才能和领袖气质，能够吸引到各方豪杰为之拼命。只要振臂一呼，应者云集，很快就形成了一股强大的势力。他的部将中，纯粹的蒙古人并不多，很多人都是因为倾慕铁木真的威名，遂抛弃自己的部落，前来归顺。

（三）

虽然铁木真的身边聚集了不少当时的英雄豪杰，但铁木真要想报仇，还是感觉自己的力量太弱小了，他必须借助更加强大的力量。于是，他想到了克烈部的首领脱里汗。

经过与家人商量，铁木真带着胞弟合撒儿、异母弟弟别里古台，一同骑着骏马，并带着妻子陪嫁来的精美黑貂作为见面礼，去拜访脱里汗。

脱里汗率领的克烈部是当时蒙古草原上最强大的部族。他们驻扎在水草丰满的鄂尔浑河与图拉河流域（今蒙古国乌兰巴托及以西地区），北扼蔑儿乞部，东控乞颜部和塔塔儿部，东北威胁泰赤乌部，西拒乃蛮，南临西夏，地理位置十分优越。而且，部族的文化程度较高，社会发展也较为先进。

脱里汗的父亲忽儿札胡思·杯禄汗曾一度十分强盛，并分封诸子弟于东西各境。他死后，由长子脱里继承汗位。但脱里能力较为平庸，性格却十分残暴，为独揽大权，他杀死了自己的两个弟弟，又吓跑了其余的弟弟，引起家族纷争。其叔父菊儿汗以此为借口，曾起兵攻打脱里。脱里大败，带着百余人去向铁木真的父亲也速该求援。

也速该率领军队帮助脱里将菊儿汗驱赶到西夏（今宁夏一带），使脱里汗重新得到克烈部众和土地。因此，他与也速该结为至交，互为"安答"（意为盟友，类似于汉族的结义兄弟）。

铁木真兄弟三人来到脱里汗部，见到了脱里汗。铁木真恭恭敬敬地说：

"您与我的父亲是安答，您便如我的亲生父亲一般。今天，我将我妻子送给我母亲的礼物黑貂裘作为见面礼，送给父亲您。"

脱里汗听到铁木真这样的称呼，非常高兴。他洋洋得意地说：

"铁木真，作为黑貂裘的报答，你离去的百姓我帮你收拾，你散去的部众我也帮你完聚。你记住，我说话是算数的。"

于是，铁木真依靠脱里汗的帮助，加紧收聚父亲的旧部，扩充实力，走上了振兴自己的道路。在当时的蒙古草原上，各部落纷争不断，弱肉强食，像铁木真这样弱小的部族，随时都可能被其他较强大的部族吞掉，更别说还有塔塔儿、泰赤乌等强大的部族对他虎视眈眈了。

为了生存，铁木真只得投靠脱里汗。虽然他心有不甘，但在当时也不失为一种明智之举，这说明：年轻的铁木真已经能够明确地判断主客观形势，比较自觉地采取正确的政治策略，也体现出了他善于建立"联合战线"的才能。

然而，正当铁木真在脱里汗这里商议聚众振兴之事时，他的家里却发生了一件大事。

这天天还未亮，月伦夫人的女佣豁阿黑臣便按照平日的习惯起来做家务了。忽然，外面传来一阵急促的马蹄声。豁阿黑臣急忙跑进帐里通知月伦夫人，月伦夫人也急忙起身出帐，其他人也都闻讯跑了出来。

原来，这是蔑儿乞部前来偷袭铁木真营地的。来袭的蔑儿乞骑兵有1000多人，他们出其不意，想来仇家乞颜部落掠夺妇女和马匹。他们听说铁木真刚刚娶了一位美丽的新娘孛儿帖，便想将她掳走，以报当年也速该从蔑儿乞人手中抢走新娘月伦之仇。

见骑兵飞奔而来，大家忙将月伦夫人扶上马，让她抱着小女儿帖木伦先走。然后大家又分头去找铁木真的妻子孛儿帖和庶母速赤，结果远远看见大队人马已如龙卷风般向帐房扑来了。

众人只得翻身上马，保护着月伦夫人向北面的密林中逃去。等孛儿帖系好衣裙，从帐篷里出来后，已经找不到马匹了。她惊慌失措地向帐后跑去，试图躲避敌人。

马匹都被骑走了，孛儿帖、女仆豁阿黑臣和别里古台的母亲速赤无马可骑，而敌人已经逼近。无奈之下，女仆架起牛车，让孛儿帖和速赤夫人坐在车上逃走。

可牛车哪能赶得上马匹跑得快呢？敌人很快就赶到大帐前，牛车被他们拦住，孛儿帖和速赤夫人落入了他们手中。

当蔑儿乞人知道孛儿帖是铁木真的妻子后，无不兴高采烈，因为他们终于报了十几年前的大仇。他们围住了不儿罕山，到处搜索铁木真兄弟，但毫无收获。于是，蔑儿乞人押着孛儿帖和速赤夫人撤走了。

（四）

铁木真兄弟三人在脱里汗那里住了两天后，满怀喜悦地告别脱里汗，踏上了归程。此次能与脱里汗建立起这种不寻常的关系，铁木真觉得自己的复兴大业已经顺利地走出了第一步。

兄弟三人一边说话，一边往回奔走。刚走到半路，忽然见远处一个人正骑着马向他们飞奔而来。及至眼前，铁木真才看清，来的人竟是博尔术。

"铁木真大哥，我们遇到塌天祸事了！"博尔术气喘吁吁地对着铁木真焦急地说。

"发生了什么事？你慢慢说。"铁木真有些迷惑。

于是，博尔术将蔑儿乞人前来偷袭，并掳走了孛儿帖和速赤夫人的过程简要说了一遍。铁木真一听，如同五雷轰顶，浑身的血都仿佛沸腾了！他立即调转马头，与两位弟弟向克烈部奔去。

铁木真很清楚，虽然他现在的实力已经比以前大有增长，但与蔑儿乞部相比，简直是微不足道。如果他贸然出击，无疑是拿鸡蛋碰石头。只有再去寻求克烈部的帮助，才有救出妻子和庶母的可能。

脱里汗见铁木真兄弟去而复回，感到很纳闷。只见铁木真翻身下马，"扑通"一声跪倒在自己面前，两眼含泪，说道：

"父汗，蔑儿乞人抢走了我的庶母和妻子，请您无论如何要帮我救出亲人！"

脱里汗不愧是称雄一时的草原霸主，他当即便慨言应允：

"铁木真我儿放心，我一定会帮助你消灭蔑儿乞人，救出你的庶母和妻子。你去告知札答阑部和札木合兄弟，就说我要出兵两万做右手，让札木合出兵两万做左手，两军会合的地点和日子，让札木合定夺。"

铁木真在十几岁时就结识了札木合，两人还结为互赠信物的安答。如今，札木合这位草原上有勇有谋的后起之秀已成为札答阑部的首领，属下人马众多，在草原众部落中已经颇有影响。

经过一番精心的准备后，札木合、脱里汗与铁木真联手，采取夜间奇袭战术，偷袭蔑儿乞部。蔑儿乞部毫无准备，被联军打得人哭马嘶，乱成一团。

战争很快就结束了，铁木真一边冲杀，一边大声呼喊：

"孛儿帖！孛儿帖！"

最后在一个帐篷的角落里，铁木真找到了吓得发抖的孛儿帖。

不久，别里古台等人也找到了速赤夫人。见想救的人都救了出来，蔑儿乞人也遭到了血腥的惩罚，铁木真觉得此行的目的已经达到，没有必要再滥杀无辜。于是，他向脱里汗和札木合提议，大军停止追击，战斗就此打住。脱里汗和札木合点头同意。

这一仗打得非常漂亮，可谓战果辉煌。蔑儿乞人遭到了毁灭性的打击，元气大伤。他们的部众，马匹、牛羊、车具等，大部分都成了联军的战利品。

铁木真将救出庶母和妻子的功劳都归于父汗脱里和安答札木合，因此在分配战利品时，他将所有的战利品都给了脱里汗和札木合，自己分毫未取。

次日凌晨，联军从蔑儿乞部撤出，他们驱赶着牛羊，用牛车拉着满载的皮毛财物，浩浩荡荡地行进着。走了一段路程后，脱里汗率众同大家告别，返回图拉河上游的营地。

而札木合则与铁木真结伴而行，两人聊得十分投机。反击蔑儿乞人的胜利，让铁木真更加懂得了联合起来的重要性。这次札木合帮他夺回妻子，打败蔑儿乞人，铁木真与札木合之间的关系更加密切了。

不久，铁木真便放弃了自己的旧营地，与札木合一起到斡难河流域的豁儿豁纳黑川游牧去了。铁木真之所以这样做，其实等于承认了他是札木合的部下和臣属。

当时，札木合是草原上正在崛起的一颗新星，虽然不能说他有统一草原的霸权野心，但称雄的愿望还是有的。相比之下，年老的脱里汗贪图享受，缺少扩大势力的动力。因此，跟随札木合更容易帮助铁木真趁机收集蒙古部众，积蓄力量。对当时人微言轻、实力薄弱的铁木真来说，这是一条成功的捷径。

而札木合心里也在打着自己的算盘。他见铁木真是蒙古部复兴的希望，如果能控制铁木真，那就等于控制了蒙古部。他的手下有不少蒙古人，他们都是泰赤乌部抛弃乞颜部时投奔而来的。有了铁木真，这些人会更加驯服。当然，札木合还可以打着铁木真的旗号收集其他蒙古人，进一步扩大自己的力量。

蒙古族原来没有文字，只靠结草刻木记事。在讨伐乃蛮部的战争中，成吉思汗捉住一个名叫塔塔统阿的畏兀儿人。他是乃蛮部太阳汗的掌印官，太阳汗尊他为国傅，让他掌握金印和钱谷。成吉思汗就让塔塔统阿留在自己身旁，"是后，凡有制旨，始用印章，仍命掌之"。不久，成吉思汗又让塔塔统阿用畏兀儿文字母拼写蒙古语，教太子诸王学习，这就是所谓的"畏兀字书"。后经过14世纪初的改革，"畏兀字书"更趋完善，一直沿用到今天。塔塔统阿创制蒙古文字，在蒙古汗国历史上是一个创举。正因为有了这种文字，成吉思汗才有可能颁布成文法和青册。而在他死后不久成书的第一部蒙古民族的古代史——《蒙古秘史》，就是用这种"畏兀字书"写成的。

第四章　羽翼渐丰

打仗时,我若是率众脱逃,你们可以砍断我的双腿;战胜时,我若是把战利品揣进私囊,你们可以斩断我的手指。

——(元)成吉思汗

(一)

铁木真的乞颜部与札木合的札答阑部合营而居长达一年多的时间。在这段时间里,他们一起放牧,一起狩猎,风雨同舟,休戚与共,像亲兄弟一样友爱。

但是,在与札木合长期的密切接触中,铁木真也逐渐了解了札木合的性格特点。札木合虽然有勇有谋,但脾气暴躁,狂妄自大,性格乖戾多疑而又残忍刻薄。即使是那些跟随他多年的老部下,他也会动辄斥骂、鞭挞,甚至无情杀戮。因此,札木合的那些部众们既依赖他,又畏惧他;既将他当成遮风挡雨的大树,又视其为随时会食其纳子的鹘鹃。虽然与札木合还没有离心离德,但也一直敬而远之。

而札木合对铁木真也渐渐滋生了一些想法。在与铁木真相处过程中,札木合发现,铁木真勇敢善战,但又质朴谦和,虽然身为首领,却从不以此自居,对待两个部落的牧民也都像对待自己的亲人一样,关照有加。他的身上似乎有一种天然的磁力,吸引着两个部落中的每一个人。不论是贵族还是平民，不论是老人还是年轻人，都愿意与他交往，部属们也都愿意跟随他。

札木合似乎感到了一种潜在的威胁。他觉得，这是铁木真在故意架空自己，在有意收拢人心，甚至是在暗地里掠夺自己的力量。自己的部众中有不少人本来就是乞颜部的，是在铁木真落难时来投奔的，因此必须要对铁木真有所戒备。

有一天，札木合与铁木真商议迁移牧场的事。两人并肩走在草原上，边走边聊。忽然，札木合一语双关地说道：

"若依山而设立营地，则于牧马者大有帮助；若临水而设立营地，则于牧羊者大有帮助。"

铁木真听札木合的话里有话，但一时又没弄懂他的具体意思，便没接茬。晚上回到家中，铁木真找来母亲月伦夫人和妻子孛儿帖，将札木合的话说了一遍，想让大家分析一下，札木合到底是什么意思。

妻子孛儿帖一听，立刻说道：

"人们都说札木合安答为人性情多变，喜新厌旧，现在听他这话，好像是讨厌我们了。看样子札木合是想与你分开，说不定还会加害于你！我们不能下马宿营了，还是好聚好散，尽快离他远一些，最好连夜迁往他处。"

母亲月伦夫人也认为孛儿帖说得有道理。

于是，铁木真悄悄通知了自己的部众，然后连夜起营，脱离札木合，踏上了独立发展的道路。铁木真的这一行动意义重大，可以说是成吉思汗建立蒙古帝国的起点。

队伍走出几十里后，铁木真开始点数部属，结果令他大吃一惊，随行的人员竟然比他来时的部众多了两三倍。

原来，在铁木真通知他的部属准备拔营时，人们马上意识到，这两个年轻的首领从此将分道扬镳了。这个消息在札木合的部属中立刻引起一片骚动。在这关键时刻，他们必须迅速作出判断和选择，各投其主。

许多人认为，相比之下，铁木真更加稳健可靠，而且对属下体贴关爱，永远像兄弟姐妹一样。跟着这样的首领会更安全，更有前途。因此，札木合的部属们一夜之间突然发生了出人意料的分裂，许多人毅然追随铁木真而来。

在这些改弦易张的原札木合部属中，有札剌亦儿氏人、塔儿忽剔氏人、乞颜氏人、敞失兀惕人、巴牙兀人、巴鲁剌人、忙忽人、兀良合人、别速人等。他们有的独自而来；有的是举家跟来；有的是一个氏族一分为二，一半来了，另一半在札木合处；而巴阿邻氏的兀孙老人则干脆带来了他的整个部族。

在前来投奔铁木真的这些人当中，有一批是当时影响较大的"实力派"人物，如铁木真的叔父答里台斡惕赤斤。当年他离开铁木真母子追随泰赤乌人，后来又辗转到札木合部下，现在又回到侄子身边。还有铁木真的堂兄弟忽察儿别克、原忽图剌汗的儿子阿勒坛、札答阑氏的小首领木勒合勒忽、主儿勤氏的撒察别克、泰出兄弟，以及后来成为铁木真麾下著名的"四獒"之二的忽必来和速不台等。这些人很快就构成了铁木真集团的核心，成为他日后逐鹿中原的中坚力量。

由于人马骤然增多，铁木真几次移营，最后终于选中了水草丰美的阔阔卓尔（意为青色的湖，大约为现在的呼伦池）作为驻牧之地。从此，铁木真就建立了自己独立的营帐——"斡儿朵"。"斡儿朵"是指汗、大汗之类君长及其后妃居住的比较大而豪华的帐幕，同时也是指挥中心。元代时期，"斡儿朵"又被译为行帐或行宫。

（二）

此时的铁木真，已经聚集了相当的力量，同时也积累了比较丰富的斗争经验。他敏锐地意识到，他身边的贵族联盟有许多弱点，一是各家贵族虽然名义上投靠了他，但其实都在关注着各自的利益，经常为一些利益而争吵，难以形成统一的强大力量；二是缺乏严密的组织分工和法制，队伍没有章法可循；三是自己作为实际的主人，还没有正式的名号，缺乏号召力，有点名不正言不顺。

因此，铁木真在寻找合适的机会，以便革除弊端，建立一种新型的、有权威的、强有力的贵族联盟。

恰在此时，一位名叫豁儿赤的巴阿邻人来投奔铁木真。铁木真认识他，他是萨满教的巫师，以前也在札木合的营中。

那时，蒙古的各个部落都一直盛行着原始的宗教萨满教。12—13世纪时，萨满教对蒙古草原各个部落的影响力更是进一步增大，成为蒙古人民的精神信仰。

萨满教相信已经死去的祖先和其他人的灵魂不灭，相信万物有灵，这些神灵也是有善有恶。萨满教通过请求所崇拜的善的精灵去战胜邪恶的力量，对付疾病和灾难，以保护人民的健康和安宁。蒙古各个部落都十分信奉萨满教，相信世间的一切都有赖于萨满教的主身"长生天"的伟大力量。

萨满巫师豁儿赤找到铁木真后，便与铁木真大谈天命，并对铁木真说："论亲情，我本不该离开札木合来投奔你，因为我的祖先是孝端察儿（抢来的）妻子阿当罕所生，与札木合的祖父是同母异父。但是，我昨天晚上亲眼看到一头雪白的母牛来向我传达神的旨意，告诉我说，天命要立铁木真为国主，并且让我来转告大家。"

听了豁儿赤的话，铁木真十分高兴。作为蒙古人，他也是信奉萨满教的。但对于雪白的母牛会说话这件事，以及如此玄深的预言，他也只是半信半疑。

此时的铁木真，早已萌生了问鼎草原的雄心。整个蒙古族，自从最后一个汗忽图刺汗和自己的父亲也速该死后，便失去了一个强有力的领军人物。各氏族群龙无首，独树一帜，势力四分五裂。族人都很怀念以前曾有过的辉煌，也急切希望能有一个英明而有雄才大略的新主人。铁木真始终认为，自己完全有能力成为蒙古人新一代的霸主。

在这个时候，萨满巫师豁儿赤不期而至，特别是他那一通神秘的预言，对自己来说，简直来得太及时了。不论他的话是真是假，即使根本就是信口编造的，铁木真也必须宁信其有而不信其无。

于是，铁木真笑着对豁儿赤说：

"这么说，你便是传谕天神旨意的信使了。可是你刚才的这些话，光对我一个人说可没有用啊！"

"那当然。用不了多久，我就会将长生天的旨意传遍你的整个部落。不过，如果你真的当了国主，你打算怎么报答我呢？"豁儿赤也笑着望着铁木真，问道。

铁木真哈哈大笑，当即答应豁儿赤：

"果如其言，当封万户。"

但铁木真没想到，这个巫师不仅爱官，还喜欢美女，因此又提出铁木真应允许他挑选30名美女为妻，铁木真也慨然应允。

谈好条件后，第二天一早，这个萨满教的巫师便开始活动了。他跑到各个部落去宣扬自己的预言，并诅咒发誓说那一切都是他亲眼看到的。

舆论的力量是巨大的，而神的旨意更是威力无比。不到一个月的时间，豁儿赤的话已令铁木真部落中的每个人都深信不疑了，而且在其他部落也开始传播。

（三）

依照蒙古的传统，只有贵族才具有被推选为首领的资格。跟随铁木真脱离札木合的贵族首领们本来就有着各自的"小算盘"，但他们也感到了群龙无首的不便之处。可能他们觉得门户较低、年纪较轻的铁木真更容易控制些，因此都同意推选铁木真为首领。

于是，以阿勒坛、忽察儿和撒察别乞等贵族为首，召集了21个氏族首领和40多个"那可儿"开会，一致推举铁木真为汗。

当然，铁木真起初是要推辞一番的，他先让叔父答里台斡赤斤，再让从叔阿勒坛，又让兄辈忽察儿。众人见他再三推辞，都有些急躁了。"那可儿"博尔术高声说道：

"铁木真做蒙古大汗，既是天意，又是众望所归，就应该当仁不让才是。"说着，他向那些"那可儿"使了个眼色，大家会意，都一齐拥上前，七手八脚地将铁木真架到毡毯上坐下，宣布从今以后，他便是蒙古人的大汗。

为了表示忠诚，众人还当场在铁木真面前宣誓，誓词说道：

"我们共议立你为汗。打仗时，我们愿作你的先锋；掳来的美女、妖姬，我们献给你；抢来的宫帐、骏马，我们献给你。打猎时，我们愿作你的前驱，猎得的野兽，连腹带肚献给你；山上的猎物，连腿捆好献给你。如果战斗中违反了你的号令，你可以夺去我们的妻子、财产，割下我们的头颅抛弃在地；如果平时不遵从你的命令，你可以将我们和家属放逐到荒无人烟之地。"

这一段誓言，赤裸裸地将当时蒙古游牧社会的君臣关系进行了生动的描绘，朴素而真实，极富草原气息和时代风貌。

这是铁木真第一次称汗。此时，他所领导的蒙古乞颜部落已经拥有部众数万，精兵万人，马匹无数，但与漠北强部，如克烈部、乃蛮部、塔塔儿部等，以及以札木合为首的诸部联盟相比，仍是实力较小的部落。

铁木真也很清楚自己力量的薄弱，为了巩固统治，他上台后立即做了两件事：

第一，马上派人到脱里汗那里汇报，以争取脱里汗的支持，避免遭到其他部族的妒忌和打击，并表明自己继续依靠强大的"汗父"，不敢存有二心。"

脱里汗听说铁木真称汗后，表示认可，并说：

"把我的儿子铁木真推举为汗，这真是件大喜事，蒙古部众怎么可以没有汗呢？你们回去告诉铁木真，让他好好管理自己的汗国，我会一直支持他的。"

顺利地得到了脱里汗的承认和支持，让铁木真长长出了一口气。这意味着，自己这个新建立的蒙古小国，就像一只刚刚离巢起飞的雏鹰一样，仍然有老鹰领飞与呵护，可暂保无忧。

然而脱里汗自己却怎么也没想到，他为之高兴的铁木真称汗事件，竟然成为自己败亡的第一步。

第二，称汗后，铁木真马上动手整顿内部。既然大权已经在手，就应该把令来行。他首先狠抓护卫队建设，任命跟随他多年的亲信博尔术、者勒蔑为护卫军长。其次，组织其自己的小型汗廷，建立了一套有利于巩固汗权的制度。在护卫军两位首领之下，分设出十几种职务，如管饮食的、管放牧的、管守卫的、管车辆的、管驭马的、负责远哨近哨的等等，要求他们各司其职，并责令他们必须忠心耿耿地为自己服务。

铁木真所建立的这支队伍和有关制度，现在看起来虽然原始而粗糙，但却是蒙古国家机构的雏形。它改变了过去由部落酋长分管本部事务的惯例，而由军事首领直接任命自己所信任的人来担任各种职务，使得他们如同"用人肉养着、用铁索拴着"的鹰犬一般，随时可以根据铁木真大汗的命令，扑向任何一个猎物。

这种制度从根本上克服了旧式联盟那种组织散漫、互不统属、易于分裂的弱点。对于那些散漫放任惯了的游牧民来说，用这些制度来约束他们，也让他们逐渐锻炼成为适合于大兵团作战的纪律严明的战士。因此，这支部队也成为后来铁木真参与群雄角逐的基础力量，为他进一步施展自己的雄才大略创造了条件。

1206年春天，蒙古贵族们在斡难河源头召开大会，诸王和群臣为铁木真献上尊号"成吉思汗"，铁木真正式登基成为大蒙古国皇帝（蒙古帝国大汗），这也是蒙古帝国的开始。成吉思汗遂颁布了《成吉思汗法典》，这部法典也成为世界上第一套应用范围最为广泛的成文法典，建立了一套以贵族民主为基础的蒙古贵族共和政体制度。

第五章　战场搏杀

在我的力量还不足的时候，我就得忍让，违心地忍让。

——（元）成吉思汗

（一）

对铁木真来说，称汗之后，除了处理好与脱里汗的关系外，另外一支力量也不能忽视，那就是札木合。

在处理与札木合的关系时，铁木真感到有些棘手。自从与札木合不辞而别、分道扬镳后，铁木真内心一直有些愧疚。当时，因为对札木合那句难解之言不明就里，唯恐其有加害之心而连夜匆忙离去，还带走了他许多的部众。虽然这些人不是自己有意引诱来的，但这对札木合毕竟是一种力量的削弱和心理的伤害，自己怎么能不感到心中有愧呢？

现在，自己称汗了，更应该主动去向昔日的安答说明情况。这样，即使不能化解他心中的怨气，冰释前嫌，至少也能避免矛盾的激化。而且，札木合的札答阑部毕竟是草原上诸部落中的强部，札木合也是当时几个极具实力的巨头之一，对他不能掉以轻心。

因此，铁木真特派合撒儿和察兀儿罕两人为使，前往札答阑部，向札木合通知他称汗之事。

札木合对铁木真的来使没有表现出任何的客气和热情。他阴沉着脸听两位使者说完后，冷冷地说：

"你们叫铁木真安答放心地做他汗吧，你们也好好地伴随他。"

说到这里，他的脸色突然变得凌厉起来，又恶狠狠地说道：

"但是，你们回去告诉阿勒坛和忽儿察，他们在困难时投奔我，后来又去投奔铁木真。我与铁木真安答之间的关系，就是他们离间的。当初，我与铁木真安答一块住牧时，他们为什么不拥立他为汗？怎么现在想起立他为汗了？他们就是喂不饱的狼，能背叛我，也不会真心投靠铁木真，不信我们就走着瞧！"

表面看札木合似乎在骂阿勒坛和忽儿察，但其实是在痛骂铁木真。两个使者自然也能听出来，而且也意识到，札木合与铁木真之间的裂痕已经蔓延和扩大为一条鸿沟，双方恐怕迟早要打一场大仗。

两人赶紧离开札答阑部，回去告知铁木真，让他有所准备。

使者刚刚离开，札木合内心的怒火就爆发出来了。他抽出腰刀，狠狠地剁在一根木桩上，大骂道：

"一个家族败落的孤儿，接二连三地逃脱对手的杀害，借助我的力量，势力渐强。如今竟然还要建帐称汗，真是不知天高地厚！"

其实，札木合从铁木真不辞而别，又带走他的一些部众开始，内心的怒火就已经点燃了。现在，铁木真又自立称汗，更如同火上浇油。札木合觉得，如果自己再这样听之任之，铁木真羽翼丰满后，一定会给自己带来可怕的后果。他决定在铁木真势力还不强时，找机会消灭他。

矛盾已经尖锐化，札木合就像是一个炸药桶，只要点燃一根导火索，立即就会爆炸。而不久后，这个炸药桶的导火索真的被点燃了。点燃这根导火索的是两个不起眼的小人物，为的也是一点不起眼的小事。

札木合的弟弟给察儿的牧场，与铁木真的家臣拙赤答儿的牧场相邻。一天，两人在放牧时因一点小事发生了争执。给察儿气不过，便在第二天早上率人偷了拙赤答儿的马群。拙赤答儿发现后，大怒，立即翻身上马，一个人悄悄接近了给察儿的营帐。

给察儿毫无防备，此时正与下人们看着偷来的马群又说又笑，得意洋洋。

拙赤答儿见状，立即张弓搭箭，恶狠狠地朝给察儿射了一箭，结果箭一下子穿断了给察儿的胸椎骨，令其当场毙命。

给察儿的属下见状，吓得纷纷抱头鼠窜，拙赤答儿随后大摇大摆地将自己的马群赶了回来。

这一下可捅破了天。札木合本来就对铁木真满腹怨恨，正苦于找不到一个正当的理由进行报复。如今，他的弟弟竟然被铁木真的一个家臣给射死了，作为草原枭雄的札木合，怎么能咽下这口气？

于是，札木合决定倾力为弟弟报仇，并趁机铲除铁木真的乞颜部，杀掉铁木真，除去他的心头大患。

（二）

当泰赤乌部首领得知札木合的弟弟被铁木真的家臣射死后，也认为这是一个剿灭铁木真的好时机，因此纷纷劝札木合尽快出兵，攻击铁木真。

于是，札木合以弟弟被杀为借口，纠集了塔塔儿等13个部落，共3万多人马，浩浩荡荡地出发，准备突然袭击铁木真，将铁木真的部落一举歼灭。

但是，事情并没有像札木合想象得那么顺利。13个部落的联军虽然人多势众，但却缺乏共同的基础，不过是各部贵族为维护自己利益而临时结合起来的。这样的乌合之众，不可能真正同心协力地作战。

虽然札木合认为自己的密谋天衣无缝，但此时铁木真已经知道了他的行动。原来，札木合营中有一个名叫捏群的亦乞列思人向铁木真通报了消息，他的儿子就在札木合的帐下。当得知札木合要突袭铁木真时，他迅速前来密报。

铁木真得到札木合即将进攻自己的消息后，立即集合部众，组成了十三翼部队准备迎敌。"翼"是"古列延"的汉语意译，在蒙古语中有"圈子"或"营"的含义。

铁木真组织的十三翼，第一翼是由母亲月伦夫人率领的亲族、奴婢、属民等；第二翼是由铁木真亲自率领的由"那可儿"组成的部队；第三翼到第十一翼是乞颜贵族们所属的部众；第十二、十三翼是新近投来的旁支氏族。

由此可见，铁木真当时所能直接指挥的兵力实际上只有两翼。全军共约有1.3万人，相当于札木合联军兵力的三分之一。

札木合率领人马刚刚越过土儿合兀岭，便发现铁木真所率军队的前哨探马；再行到答兰巴勒主特时，看到了铁木真的前锋；再向前行军千米，看到铁木真亲自率领的军队已在山丘上列队等候，部队自上而下，严阵以待。

札木合知道突袭之事已经泄露，又见铁木真布阵整齐，心中不免有些怯意。正在踌躇之时，铁木真已派遣突击小队试探着向札木合发起攻击了。札木合来不及布阵，只得命令部下突击小队迎战。

双方展开激战后，铁木真的部队很快就顶不住了。一看局势不利，铁木真马上下令将队伍撤退到斡难河的哲列捏狭地，以避敌锋芒，保存主力，减少损失。这样一来，除第十三翼部队溃不成军外，其余各翼损失并不太大。这就是铁木真作为统帅指挥的第一次大战役——十三翼之战。

见铁木真被打得大败，札木合欣喜若狂。虽然没能杀掉铁木真，彻底消灭乞颜部，但却将他们打得溃不成军，还缴获了不少战马辎重，抓获了不少俘虏。札木合没想到，乞颜部竟然这样不堪一击，比他预料的要不经打多了。

联军回到宿营地后，札木合命人将俘虏来的百余名乞颜部士兵全部押过来。这些人大多都是捏儿歹族人，是铁木真第十三翼的战士。他们的指挥者，也是该族的首领，名叫察合安豁阿，因为左腿负伤而被联军俘虏。

为了显示自己的威严，札木合将察合安豁阿残忍地杀掉了，并砍下他的头颅，拴在马尾巴上拖着在草原上跑。随后，他竟然将其余被俘的俘虏全部放入大锅中活活煮死，企图来恐吓部属，不准他们再向铁木真通风报信。如此残忍的行为，虽然让部下表面顺从了，但其实却更加离心。

泰赤乌贵族们在胜利之后，也是志得意满，对待部属动辄恃强凌弱，攮其车马，夺其饮食，结果引起部属的强烈不满。兀鲁兀惕和忙忽惕两个部族就因不满札木合的恐怖屠杀而将营帐移到了铁木真的营地。晃忽坛部的蒙力克也脱离了札木合，带着7个儿子投到铁木真麾下。

所以，札木合与泰赤乌贵族虽然在此次战役中取得了军事上的胜利，但却在道义和政治上遭到了巨大的失败。

（三）

十三翼之战虽然失败了，但铁木真并未灰心丧气，而是继续笼络人心，甚至千方百计地将对手吸引到自己的一方来，让敌人变成盟友。

泰赤乌部照烈部的驻地与铁木真的驻地很近。有一天，铁木真外出打猎，碰巧遇到照烈人也在打猎。铁木真有意向他们靠近，并主动与他们交谈，结果当天的围猎进行得十分顺利。

到了晚上，照烈人的兴致还很高，并纷纷说道：

"我们就在这里与铁木真一起过夜吧。"

照烈人当时有400多人，由于没有带来锅和粮食，有200人返回了自己的住所，另外200人就与铁木真部一起过夜。

铁木真下令将照烈部所需的锅和粮食都送过来，并与他们共同宿营。铁木真的行为让照烈人十分感动，大家都觉得铁木真是个心胸宽广、待人仁厚的领袖。

第二天打猎时，铁木真又命人故意将野兽赶到照烈人一边，让他们满载而归。照烈人非常感激铁木真，说：

"泰赤乌部将我们扔在一边，对我们不理不睬。过去铁木真与我们没任何交情，现在却这样厚待我们，还给我们这么多礼物。他真是个关怀自己部属和军队的好君主。"

照烈人返回自己的营地后，一路上向所经过的部落传送铁木真厚德待人、乐善好施的君主风度。

回到大营后，照烈部的首领玉律把阿秃儿就同近臣马忽带牙答纳商议：

"我们迁到铁木真那边，听从他的吩咐吧。"

但马忽带牙答纳不同意，他说：

"泰赤乌人是我们的族人，我们怎么能平白无故跑到铁木真那边去呢？"

由于马忽带牙答纳不同意，玉律把阿秃儿便与另一个近臣塔海答鲁带着自己的部众投靠了铁木真。他们对铁木真说：

"我们就像是没有丈夫的妻子，没有主人的畜群，泰赤乌部的头领正在毁灭我们。为了你的友谊，我们来投靠你。为了你的恩德，我们将一起用剑去歼灭你的敌人。"

铁木真非常高兴，热情地欢迎他们的到来，并说：

"我就像是一个睡着的人，是你们拉扯我的额发唤醒了我；我坐着动弹不得，是你们从重负下拉出了我，使我能够站立起来。我一定会尽力报答你们！"

诸如此类的事情不断发生，一批批弱小的部落都因厌恶札木合和泰赤乌人的惨无人道，纷纷投奔仁慈宽厚的铁木真而来。他们说：

"泰赤乌贵族们平白无故压迫、折磨我们，铁木真却能将自己身上的衣服脱下来让给我们，从自己骑的马上跳下来将马让给我们。他是个能为大家着想、为军队操心，并能将部族和牧民管理好的人。"

于是，铁木真部落的部民如滚雪球一样，越聚越多。铁木真不但获得了人才，还获得了人心。因此，铁木真虽然在十三翼之战中失败了，但却因祸得福，打了败仗反而得到了胜利的结果。这虽败犹胜的转变关键就在于一句话："得人心者得天下。"

札木合并不缺乏才能，也不缺乏人才，但他心胸狭窄，性格残暴，虽然打了胜仗，却因此失去了人心。而铁木真却宽宏大量，以诚恳的态度关心帮助他人，这种宽厚仁慈的胸怀也让他受到了各部族人们的爱戴，成为众望所归的英雄。

经过这一次失败的战役后，铁木真的力量反而迅速壮大起来了。

传说铁木真出生时,"手握凝血如赤石",为吉祥预兆。这也让他的出生充满了神秘的色彩,人们都称他是上天给予草原人民的一个独特的眷顾,为他们送来了英勇无双的射雕英雄,他也将注定成为蒙古草原的英雄、欧亚大陆的统治者、世界最伟大帝国的主人。

第六章　败塔塔儿

我一旦得到贤士和能人，就让他们紧随我，不让远去。
　　　　　　　　　　　　——（元）成吉思汗

（一）

紧邻铁木真的部落东部的塔塔儿部落，是蒙古草原上的一个强大的部族，与铁木真有世代宿仇。塔塔儿人曾勾结金国，将铁木真的曾祖俺巴孩钉死在木驴上，后来又毒死了铁木真的父亲也速该。铁木真对祖辈世仇从来都没有忘记过，大约在1196年左右，向塔塔儿人报仇的机会来了。

当时，蒙古是金国的属国。为防止蒙古各部联合起来，一起抗击金国，金国命令蒙古各部不准结盟。而此次塔塔儿参加札木合的联军，一起攻打铁木真，对金国无疑是一种背叛的行为。长期以来，金国都将塔塔儿当做东北一线防御草原诸游牧部落南进的藩篱，多方笼络。塔塔儿人受金国的支持和恩惠，也常常袭击蒙古、克烈等部。但是，塔塔儿人依附金国，不过是慑于金国的强盛，并借机获得自己的利益。一旦有其他利益驱动，他们又会立即反叛。

根据这种形势，铁木真制定了一个计策。他先派人向金国告发塔塔儿部的不轨行为，请求金国出兵征讨。为了让金国人相信，他还暗遣小队人马冒充塔塔儿人，侵扰金国的边界，制造塔塔儿人与金国边境上的纠纷，促使金国出兵征讨。

金国一旦出兵，就必定会征集草原上的各个部落，以考验各个部落忠诚与否。铁木真利用这个机会，就可以用金国之命讨伐塔塔儿部。

那时，塔塔儿部、汪古部与弘吉剌部被称为金国守边门的三只"猎犬"。因为这三部人世代为金国守御边疆，使其他部落不敢对金国的后方有觊觎之心。而塔塔儿部又是三部中最强的一部，因此金国对他们也是特别照顾。

但是，由于塔塔儿部势力强大，加上有金国作靠山，气焰也更加十分嚣张。铁木真认识到，要想打败塔塔儿部，就必须割断它与金国之间的联系。于是，他设下此计，以破坏塔塔儿部与金国的关系，令他们变成仇敌。这样，自己不但能报大仇，还能重振自己在蒙古各个部落的威信，夺取塔塔儿部的财物，获得大量的人力物力，以增强自己的实力。

与此同时，灭掉塔塔儿部，也就等于毁掉了金国在北方的屏障，切断了金国向北扩张的触角，并能毁坏塔塔儿部与札木合的联盟，削弱札木合的力量，一举削弱统一草原和欧亚大陆的对手，为自己称霸奠定基础。

金国不断接到边境报告，称塔塔儿人不断入侵边界，烧杀抢掠。但由于塔塔儿人行踪不定，金国边境将领从未捕获到一个塔塔儿人。当然，也就更不知道这是铁木真所为了。

金国人十分恼火，以为边境不断受到侵扰是因为塔塔儿人的不顺从，是准备反叛的征兆。于是，1196年，金章宗命金朝丞相完颜襄亲率大军征讨塔塔儿部。

完颜襄率领大军先驻扎在北方边境的重镇临潢，然后派人先去责问塔塔儿部为何屡屡侵犯边境。塔塔儿部遭人诬陷，自然不会承认。

为弄清真相，完颜襄决定召塔塔儿部首领蔑古真薛兀勒图前去当面向他解释，但蔑古真薛兀勒图害怕自己也遭到当年俺巴孩的下场，不敢前去见完颜襄。完颜襄见蔑古真薛兀勒图不敢来当面解释，断定他一定是心中有鬼，便宣布正式出兵塔塔儿部，并在克鲁伦河大败塔塔儿部。

溃不成军的塔塔儿人逃到斡里札河（今蒙古乌尔扎河）。完颜襄乘胜追击，并传令各个游牧部落阻击逃脱的塔塔儿人。

铁木真听到这个消息后，欣喜若狂，他精心策划的攻敌之策终于实现了。金国在毫不知情的情况下，陷入了铁木真的圈套，金国统帅完颜襄不但没有觉察到铁木真的计策，还征集蒙古各部，一起讨伐塔塔儿部。

（二）

当铁木真接到完颜襄征兵讨伐塔塔儿的通令后，立即起兵，并郑重其事地派出专使，分赴到各部落传达消息，行动速度竟然比金兵还快。对于铁木真来说，这是个千载难逢的向塔塔儿人讨还旧债的好机会。

铁木真还派人向脱里汗报告，请求脱里汗与自己联兵，同金军夹击塔塔儿部。脱里汗当即表示同意，三天之内便集合兵马，与铁木真会合。

与此同时，铁木真还派人到主儿勤部首领撒察别乞和泰出那里传令出兵助战。主儿勤部的领地在铁木真领地的北面，与铁木真不常来往。此次铁木真通知他们后，他们也迟迟没有行动。铁木真等了6天，主儿勤部也没来。铁木真当机立断，立即率领自己的部属与脱里汗的军队疾速东进，在斡里札河一带与金军配合，形成对塔塔儿人的夹击态势。

两路军队来势汹汹，塔塔儿部落首领蔑古真薛兀勒图不敢出战，率领军队逃入森林之中，用森林部落自卫的方法，砍树立寨，抵抗对手。铁木真和脱里汗对其发动进攻，像围困猛兽一样，步步紧逼，最后攻入寨中，斩杀了蔑古真薛兀勒图。

同时，脱里汗还指挥手下大肆掠夺金银财宝，铁木真则让手下捕获战马，还占据了塔塔儿部落水草最为丰美的牧场。

在这次大战中，铁木真不但获得了"为父祖报仇"的赞誉，威信大增，还获得了三件珍宝。

第一件是塔塔儿人用金银制作的摇车和镶有大量珍珠的锦缎被褥。《蒙古秘史》中对这件摇车特意作了详细的记载，并说蒙古人见了这件精致的用品后，都大为惊奇，可见当时塔塔儿人的富裕及手工业水平之高。

第二件珍宝是铁木真从塔塔儿人的营地中捡到了一个父母不知去向的幼童。这个孩子当时带着黄金的项圈，穿着金丝线貂鼠皮肚兜，长得十分可爱。铁木真将这个孩子带回部落，送给母亲月伦。月伦夫人非常喜爱这个孩子，将其收为第六子，起名为失吉忽秃忽。

这个孩子长大后，聪明好学，知识渊博。铁木真建立蒙古帝国后，他被任命为大断事官（最高法官）。铁木真不计前嫌，以慈爱之心收养了敌对氏族的孤儿，形成了蒙古民族的一种习俗，凡是在战争中捡到无父无母的孤儿，都将视为家人，并受到氏族的保护，这些孩子甚至享有与亲子们同等的待遇和权利。

《蒙古秘史》中对铁木真收养孤儿的事作了记录，这些孩子都由月伦夫人养大，后来也都成为铁木真的得力幕僚或勇敢战将。

铁木真先后收养了4个孩子，分别是：曲出，在蔑儿乞部营地捡拾；阔阔出，在泰赤乌部捡拾。这两人后来均被封为千户。失吉忽秃忽，在塔塔儿部落营地捡拾，后来成为大断事官，编辑了《大札撒》，有人怀疑《蒙古秘史》就是由他编写的。博尔忽，在主儿勤部捡拾，后来成为"四杰"之一。

在这四人当中，可能博尔忽的年纪最大，失吉忽秃忽次之。月伦夫人将亲子和养子一起排列下来，所以失吉忽秃忽为第六子。

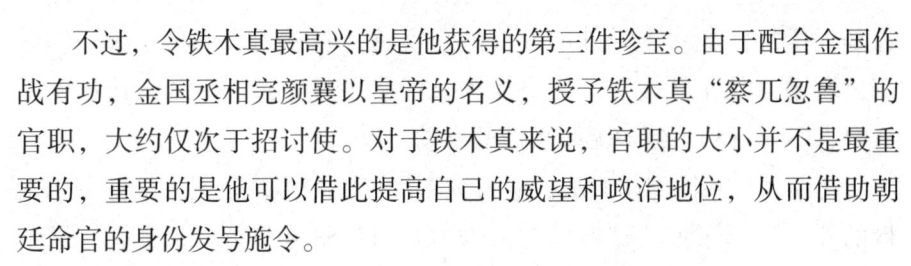

不过，令铁木真最高兴的是他获得的第三件珍宝。由于配合金国作战有功，金国丞相完颜襄以皇帝的名义，授予铁木真"察兀忽鲁"的官职，大约仅次于招讨使。对于铁木真来说，官职的大小并不是最重要的，重要的是他可以借此提高自己的威望和政治地位，从而借助朝廷命官的身份发号施令。

与此同时，脱里汗也获得了更高的头衔，被金国封为"王"，这是金国给予蒙古人最高的封号了。由于此前脱里汗已经有了"汗"的称号，现在这两个封号合起来就成了"王汗"。从此，脱里便以"王汗"之名著称于蒙古草原。

当然，铁木真接受金国的封号，表示对金国俯首听命，也只不过是暂时隐忍的权宜之计，并借此抬高自己的身价。他不会忘记与金国的世仇，一旦时机成熟，他就会向金国发起进攻。

（三）

在铁木真、脱里汗及金国的联合夹击之下，塔塔儿部遭受了惨重的损失。但是，塔塔儿在当时是一个很强大的部族，经过几年的恢复，仍然具有一定的实力。于是，铁木真又在1202年时再次领兵征讨塔塔儿部，以求彻底歼灭，永绝后患。

在出兵作战前，铁木真向部下颁布了一道严格的军令：与敌人交战，不得因为贪恋财物而放弃对敌人的追击，一定要取得完全胜利之后再收兵；战胜敌人后，所缴获的财物全部归部落所共有，财产由部民共同分配，任何人不得私自占有；如果被敌人打退，退到最初冲出去的原先阵地时，就要进行反攻，敢有违反命令不攻者一律处斩。

铁木真一向执法如山，因此法令一出，所有将士纷纷响应，全军纪律肃然。铁木真这道军令是有为而发的，既是为了对抗强大的敌人，也是为了加深更多追随他的部众的忠实感。在铁木真的集中统一领导下，铁木真的军队也逐渐发展成为大汗集中统一指挥下的纪律严明、组织有序、行动一致、无坚不摧的钢铁之师。

又经过一番惨烈的激战，蒙古大军彻底击败了塔塔儿人，俘获了大量的俘虏。为了处置这些俘虏，铁木真召集贵族举行秘密会议，征求大家的意见。

按照传统的习俗，蒙古贵族都聚集在一座帐篷中，最后商量出的一致结果是：塔塔儿人曾经杀害了蒙古部落的祖父，是整个部落的仇人。为了给祖先报仇雪恨，凡是够车轮高的塔塔儿男人一律处死；剩下的妇女儿童则一律降为奴隶。

战争胜利了，铁木真的血族复仇也随之开始了。在蒙古草原上，失败者就只有被人屠戮的命运。被俘虏的塔塔儿人一直都在关注着会议的进程，因为那决定着自己及整个部族的命运。

铁木真的妃子也速干也是一名塔塔儿人，她的父亲也客扯连悄悄地等候在帐篷之外，打探着自己及部族的命运。会议还未开完，铁木真的异母弟弟别里古台从帐篷里走了出来，也客扯连急忙走上前，惊恐地问道：

"你们的讨论结果，是否对我们塔塔儿人有利？"

别里古台是个没什么城府的人，他直接就将会议商量的结果告诉了也客扯连：

"铁木真决定将塔塔儿部落中凡是够车轮高的男人全部处死，女人一律降为奴仆。"

这个结果让也客扯连大惊失色，虽然他也做了最坏的打算，但这一结果依然让他无法接受。他立刻跑回去转告其他塔塔儿人，让他们立寨据守，进行殊死抵抗。

塔塔儿人见自己已经走投无路，被迫团结在一起，准备拼死与铁木真对抗。因此，当铁木真率领军队准备彻底消灭塔塔儿人时，他们遭到了塔塔儿人顽强的抵抗。在屠杀塔塔儿男子时，塔塔儿部每个人的袖中都暗藏着一把尖刀，发誓要在临死前尽可能杀死几个蒙古人。这样，在屠杀塔塔儿人的同时，铁木真的军队也遭到了很大的损失。

在战斗中，铁木真也表现出了性格中刚硬的一面。对于不遵守自己命令的人，无论是亲属还是亲信，他都毫不客气。由于别里古台事先泄露了会议的决定，给蒙古军队带来了重大损失，铁木真非常愤怒。他当面指责别里古台的过失说：

"我们开会议定的大事，却被你泄露出去，结果给我们的军队造成了如此大的损失！"

随后，铁木真下令，今后开会商议军国大事，一律不准别里古台参加。从此以后，别里古台只在蒙古军队中从事审判斗殴、盗窃等案件，再也不能参加任何重大的会议，这个命令一直持续到他死去。以别里古台那么尊贵的身份，却永远地远离了蒙古族的各种聚会，由此也可以看出铁木真对犯错者的惩罚之重，同时也显出了他执法的严格。

塔塔儿部遭到如此毁灭性的打击，几近灭绝，而铁木真却因此次胜利而实力大增。从此，蒙古草原上只剩下克烈部的脱里王汗和乃蛮部太阳汗这两个势力可以与蒙古部相抗衡了。

据传，当年成吉思汗在率军征讨西夏时，路经鄂尔多斯草原的包尔陶勒盖，看到这里风景幽美，十分陶醉，流连之际失手将马鞭掉在地上。随从要拾马鞭时，被成吉思汗制止，他对左右说："我死后可葬此地。"后来成吉思汗在六盘山逝世后，属下准备将他的灵柩运回故地安葬，但灵车路过鄂尔多斯草原时，车轮突然深陷地里，马拉人推都纹丝不动。大家想起了成吉思汗生前的话，准备将成吉思汗葬在这里。但成吉思汗临终前又有遗命，死后要葬于故土。于是，大家就在这里建立了一个敖包，将成吉思汗生前用过的马鞭葬在这里，为其取名为阿拉坦甘地利敖包，并留下500户"达尔扈特"人守护。

第七章　巩固汗位

不要想有人保护你，不要乞求有人替你主持公道，只有学会了靠自己的力量活下来，你才算是真正的蒙古人，也才是任何人都打不落马的蒙古人！

——（元）成吉思汗

（一）

在夹击塔塔儿部的战斗中，主儿勤部违令不到，暴露出铁木真阵营中存在的一个严重问题，即表面上都拥戴铁木真，但其实却并不愿意服从铁木真的领导。他们对铁木真整顿内部、建立制度、强调纪律、巩固汗权等一系列改革都心存不满，因此借助旧的传统，抓住一切机会企图夺权。其中表现最明显的，就是主儿勤部。

主儿勤部也称"主儿乞部"，意为"无敌"，其部落以能征善战而著名。他们是乞颜氏的长支，自认为血统高贵。当初主儿勤部贵族首领撒察别乞、泰出推举铁木真为汗，只是认为他年轻资浅，易于控制。但他们逐渐发现铁木真并不是他们所能控制的，而且对铁木真的一系列做法也颇为不满，因此也多次与铁木真发生冲突。

有一次，主儿勤部在斡难河畔举行宴会，撒察别乞的庶母蓄意责打铁木真的厨子薛赤兀儿。厨子后来向铁木真哭诉，铁木真和月伦夫人怒而不言。

接着，另一位贵族不里孛阔又借故砍伤了铁木真的弟弟别里古台的胳膊。铁木真很生气，故意到主儿勤部去责问。盛怒之下，铁木真还将肇事的主儿勤人痛打了一顿。事后虽然双方和解了，但彼此却为此而埋下了深刻的分歧。

这一次，主儿勤人不但不遵守铁木真的命令，派兵助战，还趁铁木真与塔塔儿人作战，后方空虚之机，袭击了铁木真的营部，杀掉10人，抢去了50个人的衣服。

铁木真得胜回营后，得知营部遭到主儿勤人袭击，非常愤怒。因此，铁木真刚刚从征讨塔塔儿人的战场返回，就立刻率兵向主儿勤部杀去，一路上势如破竹，所向披靡，将主儿勤部彻底击溃。主儿勤部民都成为铁木真的俘虏，牧场也被铁木真没收。主儿勤部所属的札刺亦儿氏等主动归降。

1197年春，主儿勤人的首领撒察别乞和泰出在逃跑过程中被铁木真部下活捉，不久被铁木真处死。从此，乞颜氏族中势力最强大的长支贵族便被消灭了。

在消灭主儿勤人的过程中，铁木真又获得了两员大将。一位是札刺亦儿人木华黎，他被祖父和父亲带着投降，被铁木真收至帐下，后来成为"四杰"之首，并被封王；另一位便是孤儿博尔忽，由月伦夫人收养。

在巨大的胜利和成功面前，铁木真的头脑却异常清醒。他知道，自己的阵营中仍然有裂缝，有潜藏着的敌对势力。这些人若不能感化，就必须除掉，否则，他们在恰当的时机里就会兴风作浪，对他的汗国构成威胁。

不久，铁木真便接到密报，称之前打伤他弟弟别里古台的贵族不里孛阔正在暗中散布流言，说别里古台私自泄露了重大秘密，铁木真却不治他的罪，还徇私舞弊，放了塔塔儿人也速干的父亲也客扯连，这是处事不公、执法有私。

　　铁木真一听，虽然内心十分愤怒，但表面却不动声色。不里孛阔也是乞颜部第三支的贵族之一，几年前，他就一直与撒察别乞和泰出暗中勾结。在斡难河畔宴会上，就是他砍伤了别里古台。在撒察别乞和泰出被处死后，他终于按捺不住而散布流言，诋毁离间同族。

　　这个人不除掉，将会成为乞颜汗国的一大祸害，铁木真在静静地等待机会。

（二）

　　这天，天气晴好，风和日丽，绿草如茵的草原上，一群群勇士正在比赛摔跤。不里孛阔是蒙古部中的摔跤高手，此时也正和大家一起比赛摔跤。

　　铁木真看到不里孛阔后，便向身边的别里古台使了个眼色。别里古台会意，立即向不里孛阔走去，并说道：

　　"不里孛阔大叔（按辈分，不里孛阔是铁木真兄弟的丛叔），你是草原上有名的摔跤手，小侄今天想讨教几招。"

　　不里孛阔见是别里古台，心里有些惶悚。他看了看铁木真，铁木真笑着说：

　　"摔跤是我们蒙古人的传统，又是实战之中不可缺少的，你就教他几招他。以后，将士们还要向你讨教呢！"

　　不里孛阔只好从命，开始与别里古台过招。不里孛阔本来是草原上赫赫有名的大力士，平时只需用几招就能把别里古台摔倒。但今天，威风凛凛的铁木真站在他身边，让他不免有些打怵。因此，他就决定故意让别里古台取胜，以便给铁木真留些面子。于是，不里孛阔只用了平时的五六分力气，来回几个回合，就佯装被别里古台摔倒了。

别里古台轻易取胜，便趁机将不里孛阔压在身下，回头看看铁木真。铁木真脸色阴沉，眼冒毒火，但却一言不发，只用上牙紧紧地咬住下嘴唇，微微点头。很显然，这是让别里古台处死不里孛阔的暗示。

别里古台会意，迅速用膝盖死死抵住不里孛阔的脊背，双手扳住他的脖子，用尽全力猛地向后一扳，只听"咔嚓"一声，不里孛阔的脊骨便断为两截。不里孛阔口中狂喷出一口鲜血，当场死亡。

铁木真走上前去，看了看不里孛阔软塌塌的尸体，对众人说道：

"不里孛阔拥有一国不及之力，怎么会这么不禁摔！看来，这个大力士也是空有虚名罢了。武艺不精，因摔跤而死，怨不得别人。"

随后，铁木真命别里古台将尸体抛掉。就这样，铁木真在亲族中又除去了一个劲敌，他的汗位也更加稳固了。

就在铁木真的汗国不断扩大时，居住在黑林一带的克烈部中却发生了巨大的变故。

原来，脱里王汗长期作为草原霸主，养成了骄横跋扈、残忍嗜杀的习性，经常对部下动辄打骂、责罚，甚至处死。部下们对他是既恨又怕，只是敢怒而不敢言。

20多年前，脱里刚刚即汗位不久，因担心两个弟弟会夺取他的汗位，便将他们残忍地杀掉了。另外一个弟弟哈剌在舅父的保护下，仓惶逃到了乃蛮部。

当脱里王汗带着大军与铁木真会合，征讨塔塔儿部时，4个留守在老营中的弟弟便频频密谋。他们还暗中派人前往乃蛮部，与早年逃到那里的哥哥哈剌联系，企图里应外合，推翻王汗，夺取汗权。

然而，这4个兄弟却缺乏战斗经验，王汗早就在他们身边安插了耳目，他们却丝毫不觉。很快，他们的阴谋就泄露了。王汗在征讨塔塔儿的途中得到密报后，立即告别铁木真，快马加鞭赶回营地，处死了其中的3个弟弟。另一个名叫札合敢不的弟弟当时因外出打猎未归，幸免一死。受此事牵连，克烈部臣民中有1000多人被杀死。

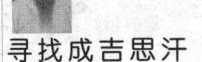

札合敢不得到消息后，不敢返回黑林，只得抛下妻子儿女，只身逃到铁木真的乞颜部，寻求保护。

札合敢不的到来让铁木真很犯难，但经过权衡利弊，铁木真最后还是收留了札合敢不。从这时开始，铁木真便隐约感觉到，脱里王汗对克烈部的统治可能不会太长久。靠暴虐和杀戮建立起来的权威，靠臣民甚至亲人的尸骨堆砌起来的汗权，就像是在河冰上建筑的塔楼，只能辉煌一时，绝不会维持久远。有朝一日，王汗一旦被推翻，谁能保证不是眼下这个落魄的札合敢不登上克烈部的汗位呢？

（三）

脱里王汗诛杀了3个弟弟的消息传到乃蛮部，哈刺痛不欲生。他咬牙切齿，对天发誓，一定要杀掉脱里，讨还这几十年来的两笔血债，为他的兄弟们报仇。

为了能尽快复仇，哈刺便向乃蛮部首领亦难察汗哭诉，请求他兴兵讨伐脱里王汗。

乃蛮人对克烈部富足的财产和大批的牛羊早就垂涎三尺，想掠为己有了。因此，亦难察汗当即答应出兵。他说：

"哈刺兄弟，你不用着急。王汗多行不义，毒如蛇蝎，早就该死了。等时机一到，我一定给你一个公道。"

不久，亦难察汗便下令让他的军队都扮成牧民，以游牧的形式慢慢向黑林靠近。

在一个月黑风高之夜，乃蛮部的5万铁骑突然冲入克烈部的营盘，四处放火，逢人便杀。王汗的数万军队毫无准备，结果被乃蛮部打得溃不成军。王汗从睡梦中惊醒，急忙穿衣，带着他的儿子桑昆和几十名亲信逃出黑林。

乃蛮人大获全胜，将克烈部的金银财宝、畜群毛皮等全部抢劫一空。亦难察汗还准备立王汗的弟弟哈剌为汗，让他代乃蛮人统治这块地盘，但哈剌不敢继续留在这里，情愿随亦难察汗返回乃蛮部，终生做他的属民。

脱里王汗和儿子桑昆及几十名护卫一路风餐露宿，向西北逃去，辗转月余逃到西夏，后又经畏兀儿逃到西辽。好在西辽王有恻隐之心，虽未召见脱里王汗，却赐给他们一些食物，允许他们在西辽境内住些日子。

当铁木真听到脱里王汗的老营被乃蛮部偷袭后，立即派人打探王汗的消息，准备全力营救王汗。但铁木真的部下在黑林搜寻了一个多月，也没有找到王汗。铁木真虽然之前已经预感到王汗的地位不会稳固，但没想到这么快就被推翻了，甚至可能已经被杀了。而推翻或杀死他的，不是他的部署或臣民，是那些该死的乃蛮人。

事情很快就过去了一年多，铁木真一直也没找到脱里王汗，他甚至已经不抱希望。就在这时，穷困潦倒的脱里王汗与儿子桑昆忽然从西辽返回来了。

铁木真大喜，立即与札合敢不将王汗迎回本部。脱里王汗在乞颜部老营住了半个多月后，执意要返回黑林。铁木真也不强留，赠给王汗3000只羊、1000头牛、500匹战马和许多金银布帛，并亲自送王汗返回黑林故地。

王汗十分感动，在黑林大摆筵席款待铁木真，并重叙了与铁木真的父亲也速该结为安答的情谊，也再次确认了他与铁木真的父子关系。

不久，铁木真出兵攻打蔑儿乞部脱脱别乞，在莫那察一带击溃了属于蔑儿乞部的兀都亦惕部，缴获了大量的战利品。虽然这次战斗是铁木真单独进行的，但为了博得王汗的欢心，铁木真还是将战争中夺来的牲畜、财物等全部献给王汗，自己丝毫未留下。通过这种办法，铁木真也进一步巩固了与王汗的联盟。

在铁木真的帮助下,脱里王汗的势力很快便恢复了。但是,王汗却是个很贪心的人。1198年,他没有与铁木真商量,也没有约铁木真一起行动,自己率部单独出兵攻打蔑儿乞部,杀掉了蔑儿乞部首领脱脱别乞的儿子脱古思别乞,俘获了脱脱的两个女儿忽黑台和察刺温,还掳走了脱脱的两个儿子忽都和赤刺温。

此外,王汗还获得了无数的牲畜、财物和人口。但是,这些物品他一点也没有分给铁木真,全部私自留下了。铁木真知道后,虽然故作不知,免得引起双方矛盾,但内心已经对王汗产生了不满。

在西征回军的路上，成吉思汗遇到了中国北方道教全真派首领长春真人丘处机。丘处机是道教全真龙门派掌教，成吉思汗待他如师友一般。丘处机与成吉思汗相处的时间并不长，但他在成吉思汗的人生道路上却起到了很大的作用，使其性格发生了不小变化。丘处机清楚地告诉他：人是不能长生不老的，只能养生。另外还告诉成吉思汗一条治国之道，劝他要清静无为，不要滥杀无辜。

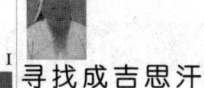

第八章　击溃联军

没有铁的纪律，战车就开得不远。

——（元）成吉思汗

（一）

脱里王汗自从被乃蛮部偷袭之后，一直对乃蛮部怀恨在心，企图寻找机会报复乃蛮部。1199年，王汗趁乃蛮部内部分裂之机，准备联合铁木真和札木合，向乃蛮部发起袭击。

乃蛮部地处蒙古草原的最西面，以阿尔泰山到杭爱山为中心，东邻克烈部，南接畏兀儿。其祖先为唐代的黠嘎斯，一说为汉将李陵之后，可能是李陵的后人融合到这个部族中去了。

乃蛮部是一个十分强大的部族，一直是蒙古部的劲敌之一。当时，乃蛮部因老王亦难察汗已死，长子太阳汗与次子不欲鲁汗为争夺年轻貌美的庶母古儿别速发生冲突，最终分裂为两部分：北部一支称为古出古惕乃蛮，首领是不欲鲁汗；南部一支由不欲鲁汗的哥哥拜不花统治，拜不花称"太阳汗"。此次王汗要袭击的，是乃蛮的北部不欲鲁汗。

这一年秋天，王汗联军越过阿尔泰山，沿着兀泷河前进，一路猛烈袭击不欲鲁汗部。不欲鲁汗难以抵抗，只得撤退到黑辛八石湖（今新疆古力库勒和布伦托海）。然而，不欲鲁汗在这里又遭惨败，被王汗夺去了众多的牲畜和部众，只好又逃往更远的谦谦州（今吉尔吉斯叶尼塞河上游）。

但是，乃蛮部人多地大，仍然有强大的反抗能力。在王汗联军踏上归途时，乃蛮部勇士曲薛吾撒八刺早已在巴亦答刺黑别勒赤兀布下重兵，挡住联军的去路，要与联军决一死战。

两军相遇后，立刻都摆开阵势，准备厮杀。但铁木真和王汗见天色已晚，便决定当日暂时休息，等待天亮后再战。

然而这天夜里，发生了一件非同小可的事：半夜里，王汗在札木合的挑唆下，命人在自己的营地点起一堆堆篝火，造成正在宿营的假象，而实际上已与札木合一起率部拔营，乘着夜色的掩护悄悄撤走了。这样一来，就将铁木真单独暴露在乃蛮部的强兵之下，用心可谓险恶。

铁木真对王汗和札木合撤兵的情况一无所知，照常在原地扎营过夜，准备天亮后与乃蛮部展开厮杀。直到天亮时分，铁木真才发现王汗和札木合的营地早已空无一人。铁木真非常愤怒，虽然嘴上没说，但心里暗暗骂道：

"王汗这是想让我遭殃，把我推向火坑，自己却悄悄溜走了！"

铁木真顾不上发怒，马上下令撤退，从杭爱山顺利地返回撒阿里草原，脱离了险境。当时，他只留下弟弟合撒儿与乃蛮部队对峙，作为后卫。

王汗原以为将铁木真交给乃蛮部吞噬，乃蛮部就帮自己除掉了一个对手，正喜滋滋地等着铁木真倒霉的消息呢。但他没想到的是，乃蛮部并没有追击铁木真，而是死死地咬住王汗这支部队不放，一直将他们追击到帖列格秃山口，然后又发起猛烈攻击，先是掠夺了王汗之子桑昆的财物和部众，接着又大掠王汗的牲畜和部众。

王汗自食恶果，应接不暇，危难之中，只得一面命儿子桑昆御敌，一面被迫向铁木真求救。

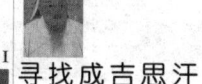

铁木真刚刚受到王汗的欺骗，正一肚子的怒火，因此在接到王汗的求救消息后，根本不打算去救援。但他冷静地分析形势后，认为如果坐视王汗被歼，乃蛮部马上就会集中力量来攻打自己。

想到这里，铁木真立刻表现出宽容大量、不计前嫌的大将风度，派自己最得力的干将——"四杰"，即博尔术、木华黎、博尔忽和赤老温四人，率领精锐部队前去救援脱里王汗。

（二）

当铁木真的"四杰"率部赶到王汗阵前时，王汗的两员大将已经阵亡，桑昆的马也受了伤，他也快支撑不住了。

勇猛无敌的"四杰"立即投入战斗，如风卷残云一般击溃敌人，救出险些被擒的桑昆，同时还夺回了被乃蛮部夺走的人畜和财物，将它们全部交给王汗。

感激涕零的王汗非常后悔，他向天地神祇发誓，一定要报答铁木真的恩情。他向铁木真说道：

"昔日您的父亲也速该勇士曾全力救我，今天他的儿子为了救我也竭尽全力。我王汗何以报此大恩大德？我对您的感激只能是天地之道、天地保佑了！"

由于铁木真的宽宏大量，他与王汗的关系也得到了暂时的修补。两方继续联合作战，在强敌如林的草原上展开角逐。

1200年左右，铁木真与王汗在萨里河畔的原野上会面，一起商讨进攻宿敌泰赤乌部。当时，泰赤乌部已经派兵前来，还请了蔑儿乞部的人马来助阵。

不久，两支队伍便厮杀起来。泰赤乌部抵挡不住王汗和铁木真的联合军队，冲杀一番后便被打败，溃逃到月良兀秃剌思之野（今俄罗斯赤塔南部鄂良古依河一带）。

铁木真紧追不舍，终于捉住了当年的仇人塔儿忽台，将其杀死。这个名叫塔儿忽台的人，就是曾经抓住少年铁木真，给他带上枷锁，让他到处示众的泰赤乌部贵族。

铁木真势力的不断壮大让札木合如坐针毡，对铁木真的担心也越来越严重。因此，他也在不断寻找机会，企图消灭铁木真。

1201年，以札答阑部札木合为首，纠合了包括合答斤、散只兀、泰赤乌、朵儿边、塔塔儿、弘吉剌、豁罗剌思等氏族残部，共11个部族的首领在刊河（即犍河，今额尔古纳河的支流根河）召集会议，随后组成联盟。

联盟推举札木合为"古儿汗"（意为普众之汗、万民之汗），并决定以札木合为统帅，统领11个部落的联军，一起讨伐铁木真与脱里王汗。

然而，这些都曾经是铁木真手下的残兵败将，即使联合起来，也不过是一群乌合之众，根本不能同心协力地作战，因此也从一开始就注定了失败的命运。

果然，札木合等人秘密筹划的讨伐铁木真的计划还没有实施，就被豁罗剌思部一个名叫豁里歹的人得知了。他立即飞马疾驰，准备报告铁木真，不料途中被警戒部队擒住了。

十几个巡逻哨兵将豁里歹五花大绑，推推搡搡地将他带到他们的将领面前，说道：

"这家伙一定是个奸细，乘夜外逃，慌慌张张，准是去给铁木真通风报信的。"

"好了，我知道了，你们都退下吧。"将领挥挥手，让兵士们都退下了。

令豁里歹没想到的是，这个抓他的部将原来早就有心归附铁木真了。他为豁里歹松绑后，说道：

"铁木真才是草原上的英雄，我们都不该与他为敌。我也想给他送个信儿，正愁没人呢。来，跟我来。"

他领着豁里歹来到马栏，挑选了一匹体健肢长的快马送给豁里歹，然后让他快马加鞭去通知铁木真。

虽然这只是一件小事，但从中也可以看出敌人集团中倾心于铁木真者是大有人在。人心所向，铁木真焉有不胜的道理？

（三）

铁木真收到消息后，马上召集诸位将领前来议事。他将札木合组织的11部联军准备来偷袭一事向大家说了一遍后，见有人面显畏惧之色，便慨然说道：

"诸位不要害怕，这些人都是我乞颜部的败军之将，虽然号称十一部联军，但其实都各怀鬼胎，貌合神离。如今已不是十三翼之战时敌强我弱的时候了，我们这一仗必定会胜利！"

随后，铁木真将自己的10万大军分为左、中、右三路，由博尔术、别里古台领左路，木华黎、忽必来领右路，自己则与者勒蔑率领中路军。大家积极备战，准备迎敌。

不久，札木合率领联军前来攻击铁木真。铁木真率部迎敌，双方在阔亦田展开激战，杀得难解难分。

正当两方打得不可开交之时，忽然天气狂风大作，大雨倾盆，凌风暴雨让联军兵士都睁不开眼睛。铁木真抓住机会，与博尔术、木华黎指挥三军，以排山倒海之势顺风进击，直冲联军而来。札木合的联军顷刻溃败，士卒们争相逃窜。一时间，被刀剑砍死的，被乱箭射死的，被奔马踩死的，不计其数。数千兵马低挡不住，纷纷后退。

札木合见状，气急败坏，连砍了五六个败逃的士卒，却依然无法阻挡潮水般汹涌而至的溃兵。

札木合见败局已定,只好带着札答阑部的残兵败将率先向西北方向逃去。其他部落见他们共同推举出来的统帅在大难临头时竟然率先逃跑了,也都想保存自己的实力,因此也纷纷带着本部人马,各自逃向自己的驻地。

铁木真率领大军紧追不舍,如虎扑羊。然而就在铁木真率领大军刚刚转过一个山嘴时,忽然见前面一个泰赤乌将领正横马立在雨中,面无惧色。

在兵败如山倒的时候,竟然有人具备如此胆量,铁木真颇感惊讶。他一马当先冲了上去,而对面那人却不慌不忙,轻拽弓弦,"嗖"地射出一箭,恰中铁木真坐骑的胸骨。那马悲嘶一声,猝然倒毙,铁木真也一头从马上栽了下来。

众将领大惊失色,慌忙围了上来,见铁木真并未受伤。者勒蔑起身便要指挥士卒一起放箭,射杀此人。铁木真急忙制止,说道:

"此人是难得的将才,不要杀他!"

那人见状,哈哈大笑着拍马而去。铁木真见状,不禁连连嗟叹。

此时敌军正在溃逃,容不得铁木真多想,急忙下令分头追击。博尔术率领左路军追击乃蛮部,木华黎率领右路军追击札木合部,自己与者勒蔑率领中路军追击泰赤乌部。铁木真一路马不停蹄,终于在接近其老营时追上了泰赤乌的主力。

泰赤乌军队的统帅是阿兀出。此人不仅骁勇善战,而且极善率兵布阵。刚才在阔亦田战斗中,他虽为头哨,但不敢贸然硬拼。见战局不利,他马上率众撤退,因此泰赤乌部并没有在刚才的战斗中受到重创。

当铁木真率军追来时,阿兀出已经列阵准备迎敌了。两军相遇后,各逞凶猛,展开了一场不相上下、难解难分的激战。

这场战斗,对铁木真来说是一场十分艰苦而又极不顺利的激战。交战才几个回合,铁木真的脖子左侧就在混战中被划了一剑,幸好剑伤不深,又多亏者勒蔑拼死营救,铁木真才化险为夷。

不久，铁木真又命博尔术和木华黎率部回师，然后重新率领三路人马，如同潮水一般，将泰赤乌人的营盘团团围住。木华黎以逸待劳，命将士们一齐向泰赤乌部放箭。在密集的箭雨中，敌军一排排倒下。木华黎站在高处瞭望，见阿兀出仍在指挥突围，遂从背上取下强弓，搭上一支大羽箭，向阿兀出射去。阿兀出毫无防备，竟被射了个透心凉，惨叫一声，死于马下。

众部将见主帅已死，都纷纷跪倒在地，缴械投降了。

（四）

铁木真命众将收容了俘虏，由别里古台押解着返回老营，自己则带着木华黎、博尔术、者勒蔑等人，向泰赤乌的老营奔去。

路上，铁木真问木华黎札木合的去向。木华黎禀告道：

"我等遵从大汗旨意，一路不取财物辎重，轻骑奔袭，将札木合的部众俘获斩杀过半。札木合带着少数残兵败将向黑林方向逃去。我觉得那里是王汗的地盘，不宜继续追击，便带着将士们往回赶，一路收拾遗弃浮财，以充军资。接到大汗的回师命令后，便连夜赶来。"

铁木真欣慰地点了点头，表示对木华黎的做法很满意。

队伍很快就到达了泰赤乌的老营。铁木真下令，将阿兀出的妻儿诛杀，其他百姓一律收为自己的臣民，与原乞颜部的臣民一视同仁。所有贵族的家产财物，除留给他们少量牛羊作为生计外，其余一律籍没，充为军用。

一个被剿灭的部落的百姓，不仅能死里逃生，还能继续像以前一样过日子，这在大草原千百年的历史上还是头一次。百姓们不禁欢欣雀跃，心悦诚服，纷纷归附于铁木真麾下。

从此以后，泰赤乌部落便从草原上消失了。两个血缘最为亲近的近支部落，在分离仇杀了数十年后，又重新合为一体，这让铁木真感到由衷地高兴。

这年的冬天，铁木真将老营迁徙到忽巴合牙地方来越冬。

一天早上，天上下着小雪，西北风扑面如刀。铁木真像往常一样，早早起床到外面巡视一遍，然后回到大帐中，坐在炭盆旁边烤火。

这时，侍卫进来报告说，有个自称是泰赤乌逃散的士兵前来归降，非要面见铁木真大汗。

铁木真听说非要见自己，就吩咐侍卫领那个人进来。

那人进来后，铁木真见他上身只裹着一件破羊皮袄，下身却只穿了一条单裤，冻得瑟瑟发抖。一双眼睛正瞪着铁木真，毫无惧色，也不下跪施礼。

铁木真叫他坐下取暖，并问道：

"你叫什么名字？"

"回大汗，我叫只儿豁阿歹。"

"为什么来投靠我？"铁木真又问。

"我本来是不想投降的，但泰赤乌部已经被消灭了，我独自在树林中流浪了几个月。如今冬天到了，找不到吃的，天又奇冷，不是饿死，也得冻死，实在无路可走了，只好来投降。"

铁木真一听只儿豁阿歹的回答，笑了，这汉子倒是实在，说的话没一句是假的。一般来归降的人，都会说一番仰慕威德、早有归顺之心等好听的话，但他却一句讨好的话也不说。

铁木真又问：

"这么说，如果泰赤乌部不灭亡的话，你是不会来投靠我的？"

"那是自然。俗话说，好马不配两个鞍子，忠臣不侍奉两个主人。我本来想做忠臣的，但旧主子都没了，也做不成了。"

听着只儿豁阿歹的话，铁木真感到他的声音有些耳熟，心中猛然一动，突然问道：

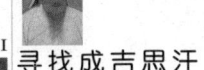

"在阔亦田的战斗中,有个泰赤乌人射断了我的坐骑的胸骨,你可知道那人是谁?"

"就是我。"这人坦率地回答。

果然是他。铁木真心中大喜,但他却佯怒道:

"那你还来送死?你就不怕我杀了你?"

只儿豁阿歹却回答说:

"大汗若要杀我,我的身体只污染您一块巴掌大的地方;大汗若是不杀,我愿意为你出力。深水可使横断,碎石可使粉碎。"

只儿豁阿歹的功夫铁木真曾亲眼见过,决不在博尔术之下。又见他豪爽无欺,是个敢作敢为的大丈夫。能收到这样一员忠勇无比的虎将,铁木真相当于得到了一件无价之宝。

于是,铁木真开怀大笑,大声说道:

"好吧,那你就留在我的身边吧。不过,你不要再叫只儿豁阿歹了,我赐你一个名字吧。从今天起,你就叫哲别。"

"哲别"在蒙古语中是"箭"的意思。只儿豁阿歹知道,铁木真大汗是因为自己的神箭曾射毙他的坐骑,在褒奖自己呢!

归降铁木真的哲别后来跟随铁木真在统一蒙古的诸多战斗中多建战功,与速不台、者勒蔑、忽必来并称为"蒙古四獒"。

成吉思汗统一蒙古草原后，第一件事就是大封功臣和宗室，把在战争中已经实行的千户制进一步完善和制度化，创立了军政合一的千户制，先后任命了一批千户官、万户官和宗室诸王，建立了一个层层隶属、指挥灵活、便于统治、能征善战的军政组织。《史集》和《蒙古秘史》中都详细地列举了这些千户官的姓名、出身、主要经历及各千户的组成情况，其中包括78位功臣，10位驸马，共88位。这就是蒙古汗国历史上著名的"八十八功臣"。

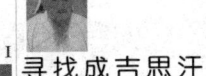

第九章　避敌锋芒

在明亮的白昼，要像雄狼一样深沉细心；在黑暗的夜里，要像乌鸦一样，有坚强的忍耐力。

——（元）成吉思汗

（一）

消灭泰赤乌部后，蒙古草原上仍然存在着大大小小的许多部落，但真正有实力问鼎霸主、冀图王权的，实际上只剩下势力日渐强盛的铁木真的乞颜部、脱里王汗的克烈部和太阳汗的乃蛮部，一个三足鼎立的局面正在日渐形成。

当时，乞颜部位于东部，克烈部位于中部，而乃蛮部则一直雄踞于高原的西部。铁木真分析了这种形势后，认为要实现统一草原的长远大计，就必须紧紧拉住王汗，维护好他们的联盟，共同对付乃蛮部。至于消灭乃蛮部之后，乞颜部与克烈部谁最终能称霸草原，那就要看天意人心而定了。

为了维护与王汗的联盟，铁木真想到了一个办法，就是采取政治联姻的方式，来尽量维护双方的联盟关系。

于是，1202年冬天，铁木真派出使臣前往克烈部，提议为自己的长子术赤迎娶王汗的女儿、桑昆的妹妹察兀尔为妻。作为换亲，他愿意将自己的女儿豁真别乞嫁给桑昆的儿子秃撒合为妻。

然而,当使臣到达克烈部,刚刚向王汗说明完来意,桑昆便在一旁冷冷发笑,不屑地说道:

"铁木真是个什么东西?一个乞颜人的孤儿,还癞蛤蟆想吃天鹅肉!我的妹妹嫁到他家,只能守在门后,对着王位;而他们的女儿嫁到我家,却是坐在正面,看着门后。亏他想得出来,此事万万不可!"

使臣回去后,将桑昆的话转告给铁木真,铁木真立即被气得脸色铁青。原来,铁木真的长子术赤是他的正妻孛儿帖被蔑儿乞人抢去又被救出后生下来的。当术赤刚刚出生时,在乞颜部的臣民们中便有些风言风语,称这个孩子不是铁木真的,是蔑儿乞人的。

桑昆也正是因为听到了这些传言,才这样出言不逊,意思术赤不是铁木真的儿子,以后自然不能继承汗位,那么自己的妹妹嫁给他,将来也只能北面称臣,永远是个臣仆的妻子。

而自己是王汗的独生子,日后是肯定要继承汗位的。将来汗位再传,就是传给儿子秃撒合。铁木真的女儿嫁过来,也顺理成章地做了王后,南面称尊。铁木真求婚不成,反受羞辱,这时他才清醒地认识到,他与王汗结成的联盟竟然如此不可靠。只是自己一厢情愿地努力,这种联盟是不会长久的。他必须有所准备,准备面对两部之间的公开分裂,甚至要展开一场你死我活的争斗。

善于窥测形势的札木合看清了王汗与铁木真之间的矛盾。当年,他作为"古儿汗"组织联军进攻铁木真,失败后便投靠了王汗。现在,他见桑昆对铁木真十分不满,便找到当年叛离铁木真后投靠王汗的阿勒坛、答里台和忽察儿,与他们一起来找桑昆。

桑昆对札木合的到来很反感,但札木合并不在意,他对桑昆说:

"铁木真虽然口头上说自己是王汗的儿子,但其实口是心非。他不断讨好王汗,又是联盟,又是接亲,所为何故?就是看中了克烈部这块人多地广的肥肉,想千方百计地讨好王汗,然后取代你的位置,以后不费一兵一卒,就可以名正言顺地兼并克烈部。到那时,你虽然是王汗当然的继承人,但恐怕也要死无葬身之地了。"

听了这些危言耸听的话,桑昆不禁有些害怕。这时,札木合又趁机说:

"如果你现在就出兵攻打铁木真,我们都愿意率军从侧翼协助,不遗余力。"

阿勒坛、答里台、忽察儿三个人也纷纷附和:

"对,我们一起帮助你,捆住铁木真的手,束住他的脚!"

桑昆见众人一心,群情激昂,也被挑起了斗志,于是命人禀告王汗,要求立即出兵。

王汗听说桑昆要出兵攻打铁木真,大吃一惊。他并不想与铁木真决裂,因此将来人训斥了一顿,说道:

"你回去告诉桑昆,怎么能对铁木真存有这样的坏心呢?我们现在正在依靠他,又受过他的恩典。如果现在谋害他,苍天是不会保佑的。札木合这个人口蜜腹剑,善于挑拨是非,你们不要听他的。"

桑昆几次派人来游说王汗,都没有得到王汗的同意,于是便亲自来找王汗理论。但王汗仍然不肯同意,愤怒的桑昆摔门而去。

但是,老态龙钟的王汗也想到,自己只有桑昆这样一个亲生儿子,的确应该为他的将来打算一下。于是又把桑昆叫回来,无可奈何地说:

"我不能为了义子而舍弃自己的亲生儿子。这件事就由你决定吧,我不管了,希望你要好自为之。"

王汗本来还是清醒的,愿意与铁木真维系联盟关系。但在权势、利益和亲情的影响下,他这次却与儿子一起滑入了深渊。

(二)

桑昆得到父亲的允许后,立即与札木合谋划如何杀掉铁木真。经过长期的密谋,桑昆和札木合精心设计了一个计划,他们打算以答应铁木真的求亲为由，邀请他来克烈部赴宴，趁机在宴会上除掉他。

计划定好后，二人将详细的安排禀告王汗。在经过一番思想斗争后，王汗默认了这一计谋。

一切安排好后，桑昆派人通知铁木真，称自己同意将女儿嫁给铁木真的儿子术赤，请铁木真前来喝酒。铁木真十分高兴，对桑昆的邀请信以为真，兴冲冲地带着十几名随从出发赴宴。

途中，铁木真经过他父亲的好友、晃忽坛部老人蒙力克家。蒙力克听说铁木真是前往克烈部提亲喝酒的，便提醒铁木真说：

"你以前求婚，他们一直都不肯答应，现在为什么突然答应了，而且还请你去赴宴呢？难道这里面没有别的文章吗？"

蒙力克老人的一席话提醒了铁木真。他恍然大悟，立即停止前进，依蒙力克之计，只派了两名随从去告知王汗，说春天马瘦多病，不便长途奔波，等秋天马肥之后再去赴宴。

桑昆等人见铁木真找借口不来，知道自己的计谋被铁木真识破了，只好一计不成，再生一计，决定第二天一早就出其不意，派兵偷袭铁木真。

本来这个计划是天衣无缝的，但铁木真命不该绝，一个名叫也客扯刺的贵族参加了桑昆等人的计划。回家后，他就对妻子说：

"我们明天一早要去突袭铁木真。如果这时有人向他报告，一定能得到很多赏赐。"

妻子赶紧制止他：

"可不要乱说，当心被人听到。"

越怕被人听到，可这句话就偏偏被人听到了。听到的人是个名叫巴歹的牧人，他刚好来给也客扯刺送牛奶，听到了这段对话。回去后，巴歹又把这个消息告诉自己的同伴乞失里黑。

乞失里黑担心消息不准确，又特意出去打探了一番，见也客扯刺的儿子正在帐篷外磨箭头。见乞失里黑过来，他还吩咐说：

"你去把那匹白马和枣骝马备好,明天一早我要出门。"

乞失里黑证实了巴歹的消息,回来便与巴歹商量。两人都感觉铁木真讲义气、重感情,而且很有魄力,于是偷偷溜了出去,骑上快马连夜去给铁木真送信。

铁木真闻讯后大惊,他虽然时刻都在戒备着,但没想到桑昆等人会这么快下手。于是,他立即召集部下,抛弃辎重,轻骑出发,赶到卯温都儿山后隐藏起来,只留下者勒蔑等作为后哨,瞭望敌人。

次日一早,当桑昆的部队赶到铁木真的营地时,这里已经一片空旷。当天晚上,铁木真又率众转移到合阑真沙陀,在这里放马休息。

然而,桑昆并没有因为铁木真的撤退而放弃除掉他的决心,一场大战不可避免地发生了。当铁木真的部众在合阑真沙陀放马休息时,两名牧人远远地看到卯温都儿山前尘土飞扬。原来,这是王汗的军队浩浩荡荡地追来了。

牧人急忙通知正在休息的铁木真。于是,这里爆发了历史上著名的合阑真沙陀大战。

(三)

铁木真接到牧人的报告后,立即命令部队上马准备战斗。诸将见自己人少,都感到怯惧,但铁木真果断决定正面迎敌。

不久,双方就在合阑真沙陀的一片空阔地带摆开了战场,互相对垒,怒目相向。王汗率领的是克烈部与札木合的联军,在人数上明显占据优势。但他还是有些心虚,转过头问熟悉敌情的札木合道:

"札木合勇士,你对铁木真的队伍最了解。在他的军阵中,哪些人最勇敢善战?"

札木合回答说:

"兀鲁兀和忙忽两族的人最能打仗,他们排军布阵,秩序井然,迂回、包抄也灵活多变，每逢作战都从容不迫。他们的旗帜是黑旗或花旗，王汗您要注意提防。"

听完札木合的话，王汗沉吟了一会儿。他是草原之王，有着丰富的作战经验，因此迅速在心里盘算着，哪部分该先冲锋，哪部分该打增援，该怎样加强中军力量，让他们在关键时刻去冲锋陷阵，猛击敌军要害。

盘算好后，王汗故意对札木合谦让道：

"札木合勇士，我的年纪大了，这一仗就由你来指挥吧。"

札木合一听吓了一跳，忙推辞道：

"这可不敢，您是草原上的老英雄，我做小辈的怎敢逞能？再说我曾屡次败给铁木真，让我指挥，怕是会坏了您的大事。"

王汗也不再与他多说，而是下令将全军组成四支梯队，以勇猛善战的只儿斤人做先锋队，其次是土绵土别干人，第三梯队是董合亦惕人，第四梯队是王汗的3000名护卫军，由豁里列门率领。王汗则亲率大军在后面压阵。

就在王汗忙于调兵遣将之时，札木合却在一旁召集自己的几个心腹说道：

"我与安答（指铁木真）数次交战，常不能敌。今日王汗却要我代他指挥，可见他还不如我。我看这一仗非败不可。你们各率部下，且不可向前冲，听我命令，准备撤离。"

接着，他又对另一个部下说：

"你速速去铁木真的阵营中，把这里的情况告诉他。"

然后又附在这个部下的耳旁嘀咕了一阵。

札木合的部下随后只身潜入树林，沿着小道来到铁木真阵前，然后按照札木合的吩咐，将王汗军队的部署情况及进军路线都告诉了铁木真。最后，他还特意传达了札木合的口信：

"王汗这样安排是不能战胜你的，你不用怕他，只要小心谨慎，好自为之。"

铁木真听了来人的传话，心中暗自好笑。札木合这样两面三刀，玩弄手段，无非就是企图在战斗中坐山观虎斗，看王汗和铁木真如何两败俱伤。

　　铁木真本来想让兀鲁兀部首领术赤台为先锋，但忙忽部首领畏答儿争着要打头阵。他说：

　　"我就像是凿子，诸位就像斧子，斧子没有凿子是难以深入的。请让我先凿穿敌人。我将飞驰上前，贯穿敌阵，把大旗插到敌人后方的山上。"

　　铁木真的战术中有一种著名的"凿穿术"，大约就是由畏答儿创造，经铁木真总结提高形成的。

　　术赤台也不甘示弱，说道：

　　"那么就让我们并为先锋，共同作战吧！"

　　随着一阵低沉而雄浑的号角鸣响，大战终于拉开了帷幕。

（四）

　　战争开始后，畏答儿率先带领忙忽部的战士出击，奋勇战斗，与术赤台的兀鲁兀部一起击败了只儿斤人，很快就将他那黑色的战旗插到了敌人背后的山岗之上。

　　接着，兀鲁兀人与其他部众也发起冲锋，与土绵土列人混战在一起。在激战中，畏答儿被敌人刺伤落马，幸亏忙忽部人急忙将他救起。

　　在铁木真部的勇猛抗击之下，只儿斤人首先溃退，接着董合亦惕部也退却了，土绵土别干首领又被术赤台部所杀，继之而来的1000名护卫军也未能挽救王汗部的败局。

　　桑昆眼看四支梯队纷纷受挫，焦躁不耐，未等父亲下令便拍马上阵，结果一下子被远处的速不台用箭射中面腮，受伤落马，幸而克烈人一拥而上将他救回。

激烈的大战一直进行到傍晚,双方都筋疲力尽,便不约而同地后撤,停战休整部队,准备次日天亮再战。

铁木真在点检人马时,发现少了他的三子窝阔台和忠实的伙伴博尔忽、博尔术三人。这让铁木真心情十分沉重,不由得暗自祈祷:

"他们三人掉队了,但愿他们能生则同生,死则同死!"

不久,"四杰"之一的博尔术独自骑马归来了,原来他在战斗中因受伤而落地,趁克烈部救桑昆时,机智地捉到了一匹驮东西的马,才得以归来。

接着,博尔忽也缓缓骑马归来了,他在马上还抱着脖子受伤的窝阔台。博尔忽满口鲜血,因为他边驱马便用蒙古传统的医疗方法,用嘴为窝阔台吮吸伤口的淤血。铁木真见到此情此景,不禁感动得热泪盈眶。

窝阔台等三人虽然回来了,但铁木真的弟弟合撒儿却失踪了。而且,他的多名战将有的战死,有的受伤。勇敢的畏答儿伤势未愈,便随军撤退。铁木真让他住在自己的营帐中,亲自为他敷药。但为解决食物问题,畏答儿不听铁木真的劝阻,坚决要求参加围猎,不幸因伤口崩裂而死。

畏答儿的死让铁木真非常难过,他下令将畏答儿葬在合勒合河边的一座小山上,亲自为他捧土祭奠。后来,铁木真在建立大蒙古国以后,追封畏答儿为千户,对其家人也屡加厚赏。在元一代,其子孙都世袭郡王。

合阑真沙陀之战是铁木真一生中经历的最艰苦、损失最为惨重的一次战斗。由于敌我力量悬殊,虽然将士们在战场上作战勇猛,杀敌甚多,但自己一方的伤亡也非常惨重。据《蒙古秘史》中说,当时撤出来的只有2600多人。在这种情况下,铁木真不得不进行战略退却,以便休整部队,寻机再起。

同时,铁木真也从战斗中吸取了经验教训,在敌我力量悬殊的战斗中,应学会避敌锋芒,不能硬拼。

第十章　兄弟盟誓

能清理自身内部者，也能清理国土上的盗贼。

——（元）成吉思汗

（一）

合阑真沙陀一战，铁木真损失惨重。为保存实力，躲避王汗的追击，同时也为了寻找失散的部众，铁木真将队伍一分为二，自己率领一半，另一半由兀鲁兀部和忙忽部组成，沿着哈拉哈河的左右两岸缓缓向东北转移，准备到牧草丰美的大兴安岭西坡去休养生息，整顿兵马，以图寻机再战。

当队伍行进到合勒合河入捕鱼儿海的地方时，铁木真的部队遇上了弘吉剌部。弘吉剌部是铁木真的母亲月伦和妻子孛儿帖娘家所在的部落，世代联姻。但近年由于札木合的挑唆，这个部落的贵族也曾加入到围攻铁木真的队伍之中。

现在狭路相逢，铁木真决心孤注一掷，因此派人到弘吉剌部，问他们道：

"过去我们互称兄弟，并有姻亲关系。现在我们是讲和友好呢，还是准备厮杀一场？"

其实，这些年在与其他部落一起同铁木真交战的过程中，弘吉剌部也逐渐看出来了，铁木真是个不可战胜的人，是整个草原未来的主人。因此，弘吉剌部首领帖儿格不仅愿意同铁木真讲和，还主动提出要举族归顺。从此，弘吉剌部便成为铁木真乞颜汗国的成员之一。

这样一来，铁木真所部便驻兵在捕鱼儿海东面的董戈泽。这里水草肥美，可以饲马休整。

1203年夏天，铁木真的部众与王汗的追缴军队发生了几次遭遇战，致使人马越来越少。这时，铁木真的部众已经陷入极度困窘之中，军中缺米少粮，牛马牲畜能吃的也都吃光了，每天只能靠打猎为生，饥一顿饱一顿地艰难度日。

一天夜里，桑昆又带领数千人马袭击铁木真的营地。一番激战之后，铁木真与他本来就不多的部属再次失散，身边仅剩下木华黎、博尔术、博尔忽、者勒蔑、哲别、速不台等19位最亲近的战将和心腹。他们冲出敌人的包围圈，仓促转移到班朱泥河一带。

看着眼前的狼狈，想想昨日的辉煌，铁木真心如刀绞。浩浩荡荡的几万人马，转眼就变成了孤零零的19个人，这简直太不可思议了。

在一刹那，一股浓烈的悲凉和颓败的情绪漫上铁木真的心头，莫非这真的是天意吗？我铁木真为之奋斗的事业就这样昙花一现，成为草原上永远的笑谈了吗？

不，绝对不行！只要铁木真还有一口气在，就不会倒下认输。人在最艰难的时刻，必须要挺起胸膛，坚持下去。

想到这些，铁木真的心宽松了一些。他深深地吸了一口气，深情地看着眼前这些弟兄们。眼下，最亟待解决的就是吃饭和喝水问题。大家已经一天一夜没吃东西了，可眼前这条班朱泥河却几近干涸，仅有一点水也浑浊不堪，无法饮用。

就在大家焦急之时，忽然几匹野马从附近奔跑经过。将士们立刻弯弓搭箭，将几匹野马射死，然后剔下马皮当锅，用石头打火，用浑浊的河水把马肉煮得半生不熟，然后一点点撕扯着吃起来。

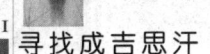

在这种极度艰难的困境中,面对这些忠心耿耿、不肯弃他而去的"那可儿"们,铁木真的心情十分激动。他感慨万端,感谢这些追随他共同患难的兄弟,并举手对天发誓:

"你们都是与我患难与共的兄弟,这些年跟随我东征西战,吃尽了苦头,现在还要冒着被追杀的危险,我铁木真永远都感谢你们!"

随后,铁木真将兄弟们叫到河边,让每个人在河里舀一碗浑水,然后又在水中倒上野马血,一饮而尽。将士们无不为之感动,都纷纷宣誓永不背弃铁木真。

后来,与铁木真一起喝过这些浑水的人,都被人们称为班朱泥河功臣。

(二)

第二天傍晚,当铁木真和兄弟们正为饮食发愁时,从西面过来一个穿着阿拉伯服装的商人,赶着上千只羊,从他们面前向东而去。

这些饿极了的将士们看着眼前这些肥羊,嘴里几乎要流出口水了。他们真想冲上去,把羊抢过来,立刻架火烧烤,饱餐一顿。但没有铁木真的命令,谁也不敢动。他们都知道,铁木真最痛恨那些在战争中发不义之财的人,尤其是不许他们哄抢商人的财物。

因此,尽管他们都饿得肚子咕咕叫,还是眼睁睁地看着羊群从他们身边走过去了。

但让他们感到奇怪的是,商人赶着羊走出没多远,就又赶着羊群返回来了,并且还径直走到铁木真等人面前,问道:

"请问,哪位是铁木真大汗?"

"我就是,您是谁?"

"我叫阿桑·巴吉,是花剌子模国的商人,正打算用这些羊去换一些貂鼠和青鼠皮,带回国去贩卖。"

"那你找我有什么事呢？"

"我想把这些羊送给你们作为晚餐。"

"可惜，我们并没有貂鼠和青鼠皮。"

阿桑哈哈大笑，说道：

"我是白送给你们的，什么都不要。"

"为何要这样呢？"铁木真更加不解了。

"我在草原上经商多年，早就听说了大汗的威名。人们都说大汗的军队是仁义之师，早晚要称霸草原。我知道你们最近陷入了困境，便故意赶着羊群从这里经过。一见之下，果然名不虚传，你们的将士宁可忍着饥饿，依然秋毫无犯。这在当今草原上可是闻所未闻的。因此，我情愿将这些羊送给大汗，以解大汗燃眉之急。"

听了阿桑的话，铁木真十分感动，但他还是推辞说：

"多谢你的好意，但你是商人，以赚钱为目的，这样做你亏的太大了，我们不能要这些羊。"

阿桑又笑了起来，说道：

"商人的确都是唯利是图，但我不光要将羊群送给你，还准备从此投到你的麾下，与你一起做一桩大买卖。"

"什么大买卖？"

"帮你夺得天下，我岂不是赚得泼天富贵？这不是一桩天底下最大的买卖吗？"

听到阿桑的话，铁木真和将士们都不由得大笑起来。

就这样，大家七手八脚地开始杀羊剥皮，架火烧烤，然后美美地享用了一顿丰盛的晚餐。

第二天一早，铁木真便带着部将继续向东行走，一面搜罗散亡的部众，一面整顿队伍。走了没多远，驻扎在班朱泥河附近的一支豁鲁剌思部的人马便主动来投靠，并入了铁木真的队伍之中。

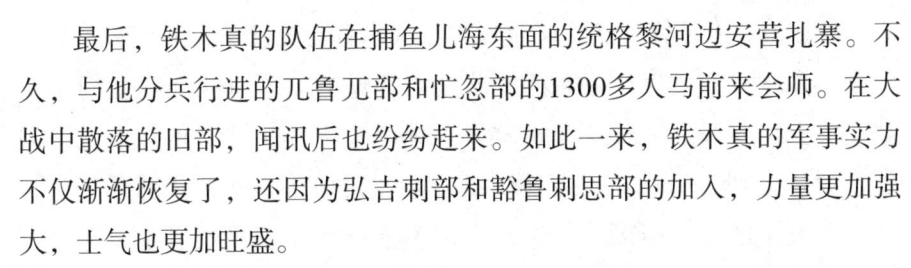

最后,铁木真的队伍在捕鱼儿海东面的统格黎河边安营扎寨。不久,与他分兵行进的兀鲁兀部和忙忽部的1300多人马前来会师。在大战中散落的旧部,闻讯后也纷纷赶来。如此一来,铁木真的军事实力不仅渐渐恢复了,还因为弘吉剌部和豁鲁剌思部的加入,力量更加强大,士气也更加旺盛。

　　见到这样的情形,铁木真之前的颓败情绪一扫而光,再次变得信心满满,每天都在盘算着如何东山再起。现在,王汗已经不再是他的盟友,而是他的敌人。无数次教训让他明白:要想完成统一草原的大业,就必须先扫除这股势力。

(三)

　　就在铁木真刚刚转移到统格黎河附近不久,克烈部的答勒都儿罕抛下妻儿,专程赶来投奔铁木真。他说,战争结束后,克烈部人心极其混乱。王汗见部众死伤惨重,非常生气,大骂儿子桑昆是个废物,是个败家子,让自己卷入了这场针对盟友的战争。

　　另外,阿勒坛、答里台、忽察儿这些叛离铁木真的人,由于在大战中遭受较大损失,也开始对脱里王汗不满了。

　　铁木真获得这一情报后,立即萌发了实施攻心战的想法。于是,他派出能说会道的阿儿孩合撒儿和速客该者温二人为使者,前往克烈部去游说王汗。

　　阿儿孩合撒儿和速客该者温见到王汗后,便以铁木真的口吻,以非常诚挚的、像对待父亲一样深厚的感情对王汗说道:

　　"我的汗父啊,你为什么责怪我、威胁我呢?我如果有不对的地方,你尽可以教诲我,为什么要毁坏我的家业呢?为什么不让您的不肖之子和不肖儿媳安心地睡觉呢?"

接着，二人话锋一转，又重提当年铁木真与王汗所盟的誓言：

"昔日我们是怎样盟誓的？若是有毒蛇的大牙挑拨离间我们，我们不要上当受骗，我们不是这样发誓的吗？现在，汗父您却上当受骗了。为什么别人一挑拨，您就生出疑心，要加害我呢？我的汗父啊，有两个辕子的车，折断一根，那车就不能拖挽了，我难道不是您的另一根车辕吗？有两个轮子的车，损坏一轮，那车就不能行走了，我难道不是您的第二个车轮吗？"

接下来，二人又以铁木真的口吻历数了他们父子对王汗的五大恩德：

"第一，我的父亲也速该帮你击败菊儿汗，让你登上了汗位；第二，在你被人驱往西方、穷困潦倒之时，是我把你接回来，帮你召回部众，让你重新登上了汗位，恢复了对克烈部的统治；第三，在你和部民们饥寒交迫时，我把牛羊财物奉献给你，让你迅速恢复元气；第四，在你东征乃蛮部之时，你陷我于绝境，我却以德报怨，派人去解救你和桑昆；第五，在我们共同征讨塔塔儿等敌对部落时，我对您忠心耿耿，总是像一只鹰一样，义无反顾地扑向敌人，并把俘获之物任您取走。"

铁木真的这些话可谓有理有据，刚柔兼济，诚恳而又动情，从而深深地打动了王汗。王汗深深地叹了口气，说道：

"铁木真真的是个好儿子啊，背离好儿子就是背离正道。我真是糊涂啊，实在不应该与铁木真儿子分离。"

于是，王汗命人找来一只小桦树皮桶，自己刺破小指，让鲜血滴入桶里，然后让使者将这个小桶转交给铁木真，发誓说道：

"今后若对铁木真再心怀恶意，就让我流血不止！"

随后，使者又见到了札木合。对待这位昔日的安答，铁木真是这样痛斥他的：

"你用黑心离间我与汗父。以前我们一起住在汗父那里，我们说好谁起得早，谁就可以用汗父的青杯喝马奶。因为我经常比你起得早，你就嫉妒我。现在，你离间了我与汗父的关系，就可以一个人用汗父的青杯痛饮了，看你能喝下多少！"

铁木真一针见血地痛斥了札木合的嫉妒心理，斥责他忘恩负义，让他因为做了坏事而受到良心的谴责。尽管札木合不一定听从他的劝告，但至少在心理上也会感到羞愧。这样，铁木真不但在舆论上占据了主动，还引起了王汗对札木合的警惕之心。

阿儿孩合撒儿和速客该者温离开札木合的营帐后，又去见了答里台、阿勒坛和忽察尔，仍然以铁木真的口吻对他们说：

"阿勒坛，因为你是忽图刺汗的儿子，我也曾请你为汗，但你说什么都不肯答应；答里台叔叔，您是我的亲叔父，当初我也曾请您为汗，您也不答应；忽察儿，因为你是捏昆太石的儿子，我也曾请你为汗，你也不愿。后来你们共同推举我为大汗，并且发誓效忠于我。现在，好好想想你们当年对我发下的誓言吧！"

同时，铁木真还告诉这三个人，王汗的性格喜怒无常，他对自己尚且如此，何况对他们呢？最后，铁木真还以亲族的身份，劝他们不要做亲者痛仇者快的事，不要让克烈部侵夺了祖先的地盘，"三河之源（指斡难河、克鲁伦河、图拉河上游地区，这里曾是蒙古祖先发祥之地），勿为外人所据！"

铁木真的话让三个人对背叛蒙古部产生了羞愧之心，同时也对王汗产生了离心倾向。

最后，两位使者又去见桑昆，向桑昆传达了铁木真的话：

"我是汗父有衣而生的儿子（喻意为义子），你是汗父裸身而生的儿子（喻意为亲生子）。汗父对我们一视同仁，而你却离间我和汗父，致使我被汗父赶走。汗父尚在，你就想夺取汗位，你让汗父心中担忧！"

铁木真一句话便戳穿了桑昆的野心，气得桑昆大声吼叫：

"这是铁木真要开始打仗的宣言吗？那就尽管拿好战旗，喂好战马，准备打吧！"

铁木真的攻心战很快就收到了效果，不久，忽察儿等人便策划杀掉王汗，另立旗帜。但没等计划实施，王汗就发现了，于是先发制人，将他们洗劫一空。参加行动的答里台等人带着残部投降了铁木真，札木合、阿勒坛、忽察儿等人则狼狈出逃，投奔了西部的乃蛮太阳汗。

他们的这次行动虽然失败了，但却大大削弱了王汗的力量。而且，由于铁木真的离间，王汗与桑昆父子间的感情也出现裂痕。

寻找成吉思汗

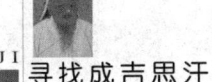

第十一章 灭克烈部

治乱国者，宜以法齐之，所以辩上下、定民志。
——（元）成吉思汗

（一）

王汗在1203年合阑真沙陀之战中大败铁木真后，自认为已经消除了心腹之患，从此心高气盛，便又向金朝边境掳掠。当时的金朝虽然已经走向衰落，但仍具有相当的实力，于是派出宗浩和仆散揆合率兵迎战。王汗大败，元气也因此而大伤。

苦苦等待时机的铁木真看到这个机会，立刻准备率军突袭王汗，消灭克烈部。

恰在此时，铁木真的弟弟合撒儿经过千辛万苦，终于找到了他，来到班朱泥河与铁木真相会。原来，在合阑真沙陀战役中，合撒儿的妻子和三个儿子被王汗俘获，合撒儿仅带着几个随从逃出来，但又与铁木真失散。为找到哥哥，他一路上备尝艰辛，最终来到了班朱泥河，见到了哥哥铁木真。

兄弟俩见面后，便一起商讨对付王汗的办法。最后，铁木真和合撒儿决定使用诈降之计。铁木真先派合撒儿手下的两个人作为使者，去见王汗。使者见到王汗后，代替合撒儿对王汗说：

83

"虽然我很想找到哥哥铁木真，但他却连影子都没有。现在我很惦念自己的妻子儿女，既然他们都在你那里，如果你派遣可靠的人来，我就向你投降。"

王汗对使者的话深信不疑，立刻派自己的那可儿亦秃儿坚随使者去见合撒儿。

其实，合撒儿编造这样的谎言，目的就是为骗王汗，使他放松警惕。当使者动身时，铁木真的大军已经随后出发了。所以，当亦秃儿坚和合撒儿使者三人上路不久，便在途中遇到了铁木真的大部队。

机智的使者远远看见铁木真的大旗飘扬，尘烟滚滚，担心亦秃儿坚认出铁木真的旗号后逃回去，便借口说自己的马蹄里嵌入了石子，请亦秃儿坚帮忙抓住马腿，以便能取出石子。亦秃儿坚不知是计，被骗下马来。一刹那，铁木真的大军便飞奔到眼前，亦秃儿坚束手就擒，被合撒儿斩于马下。

铁木真听使者报告说，克烈部此时正在大摆筵席，酗酒作乐，毫无准备，便立即驱兵疾进。

此时的王汗，对即将发生的一切毫无所知。当铁木真的军队准备发动进攻时，他还在自己的宫帐里宴饮，庆祝自己获得了合撒儿这样一名猛将。喝得醉醺醺后，王汗才回营休息，直到铁木真的冲锋号角将他从睡梦中惊醒。

虽然克烈部没有丝毫的准备，但他们的力量仍然胜于铁木真，因此这场激战持续了三天三夜才结束。依靠这出其不意的突然袭击，铁木真最终冲垮了王汗的队伍，打乱了敌人的部署，铁木真部下的骁勇善战也加速了王汗的灭亡。最终，草原上最强大的霸主脱里王汗被铁木真彻底消灭了。

在混战中，王汗也企图重整队伍，与铁木真决战，但眼看营帐周围火光半天，惨叫声一片，显然大势已去，王汗只得与儿子桑昆夺路逃走。

打扫战场时，铁木真四处寻找王汗父子，但发现他们已经逃走了。

铁木真询问王汗手下一名名叫合答黑吉把阿秃儿的将领,他回答说:

"王汗是我的正主,我不忍心见他被擒,所以才力战三天三夜,好让他跑得更远一些。现在,你们叫我死就死;如果叫我活,我就为你出力!"

铁木真听后,不但没有生气,反而称赞他说:

"为掩护自己的正主远走而苦战三天,真是一位大丈夫。"

于是,铁木真赦免了他的死罪,任命他为百户长,将他赐给英勇牺牲的畏答儿的妻子为家臣。

(二)

消灭克烈部后,铁木真拆散了克烈部原有的氏族部落组织,将牧民们重新分组,然后一一分配给自己的部下作为属民。这是铁木真为防止克烈部死灰复燃而不得不采取的措施。他必须竭力分化瓦解他们过去在政治上的统一,将他们分而治之,使之逐渐融入到蒙古族之中。

当然,这些新编入的属民并不等于奴隶或仆役。他们只要不寻衅滋事,不串通谋反,就同原来铁木真的部众一样,可以自由自在地生活,绝不会受到任何歧视。

至此,经过无数次生死攸关的搏斗,铁木真的乞颜汗国终于实现了由弱变强的历史性转变。蒙古草原上势力最为强大的部族——克烈部被彻底消灭了。这个部族众多的百姓以及王汗多年征战所据有的图拉河与鄂尔浑河流域的广袤土地,也全部转移到铁木真的麾下。

如今的铁木真,真正是兵强马壮,部属众多,在蒙古草原上已经是三分天下有其二。王汗一生叱咤风云,屡克群雄,征服了大大小小无数个割据一方的部落。而这种种功业,最后都变成了铁木真的胜利果实。铁木真以后的成功,很大程度上是因为继承了这笔极为可观的财产。毋庸置疑,歼灭王汗的一战,也是铁木真迄今为止获得的最大的胜利。

王汗的弟弟扎合敢不曾经在困难的时候投靠过铁木真，这次又回到铁木真帐下。扎合敢不的女儿个个都生得很漂亮，他将自己的三个女儿都献给铁木真，铁木真将其长女亦巴合别齐纳为妃子，将其次女旭真嫁给自己的长子术赤，将其三女唆鲁禾帖尼配给幼子托雷为正妻。唆鲁禾帖尼后来生有四子，分别为蒙哥、忽必烈、旭烈兀和阿里不哥，均为历史上赫赫有名的人物。扎合敢不也因此而保全了自己的部族。

就在铁木真父子品尝胜利的时候，王汗父子却在狼狈不堪地奔逃着。在混战中溃出重围后，王汗与桑昆父子两人不久也跑散了。

王汗打马直奔，一直跑到西边的乃蛮部边境。他又饿又渴，见前面有一条小河，便急忙下马，冲到水边大喝起来。

等他喝饱了，摇摇晃晃地站起来，却一下子傻了眼。几个乃蛮边境的巡哨兵正站在他的身后，手持明晃晃的大刀，对他怒目而视。

巡哨兵不由王汗解释，便将他捆绑起来，带回到乃蛮部见他们的头领。

头领见到王汗后，恶狠狠地问道：

"你是哪里来的奸细，还是哪里来的盗马贼？"

"不不，我不是奸细，也不是盗马贼，我是赫赫有名的克烈部王汗，我要见你们的太阳汗。"王汗急忙解释道。

头领见他满身血污，根本不信他的话，而是长剑一挺，直接刺进了王汗的胸膛。王汗惨叫一声，倒地而毙。

桑昆的下场也不比其父好多少。他与父亲分散后，途中还有个小插曲。据《蒙古秘史》中记载，随同桑昆出逃的仆人阔阔出想偷走桑昆的马去投靠铁木真，其妻劝阻。后来，阔阔出抢了桑昆的马，扔给桑昆一个金盂后，便投靠了铁木真。

见到铁木真后，阔阔出极力表达自己是如何舍弃桑昆前来相投的，但铁木真听他叙述完弃主的经过后，大为不满，认为他是个背主求荣的小人，不值得信任，因此将阔阔出杀掉了。

马被抢走了，桑昆只得徒步流浪。他知道父亲在乃蛮部被杀后，便逃到西夏，以抢掠为生。在西夏被驱逐后，他又在兀丹（和田）、乞思合儿（疏勒）等地逗留过，最终辗转逃到曲先（今新疆库车县）。虽然一直都是苟延残喘，但桑昆仍然不改其掠夺本性，最终激怒当地百姓，被当地人杀掉了。

（三）

消灭克烈部后，剩下的唯一对手就是乃蛮部了。铁木真要统一蒙古，就势必要与强大的乃蛮部进行决战。

当时，乃蛮部虽然国大人众，但自从老王汗亦难察死后，其子拜不花与弟弟不欲鲁为争夺父亲留下的年轻美貌的宠妃古儿别速反目成仇，导致国家分裂。

不欲鲁汗割据北方，以黑辛八石地区为中心，人称"北部乃蛮"。不欲鲁汗曾参加过札木合的联盟，攻击过铁木真和王汗，铁木真也多次与其交手。

乃蛮南部由拜不花统治，他抢占了父亲的宠妃古儿别速，并继承了父亲的汗位，称"太阳汗"。但拜不花柔弱无能，只知玩乐，生前其父就称他"除放鹰、游猎外，什么都不会"。他养尊处优，一直没打过仗。在弟弟不欲鲁汗屡遭失败后，他坐山观虎斗，甚至心中窃喜，自以为铁木真帮他除掉了一个对手。

听说王汗被自己的部下杀死，拜不花甚至幸灾乐祸，命人将王汗的头颅割下，置于大白毡上，以祭祀为名取乐。对他这种残酷的取乐行为，部下都敢怒而不敢言。

当时，乃蛮部的国势已经大不如前，而太阳汗又只知享乐，致使军纪松弛，部将生怨。然而，太阳汗却十分骄横，扬言"征服蒙古人，那有甚难！"

1204年春，太阳汗率兵东进至杭爱山以北的合池儿水（今哈瑞河），会合了被铁木真击败的各路残兵败将：蔑儿乞部脱黑脱阿、斡亦剌部忽都合别乞，以及札木合所率领的朵儿边、合答斤、散只兀、泰赤乌等部的残余力量。同时，太阳汗还派人联络过去与乃蛮部有姻亲关系的汪古部共同出兵，请他们从右翼打击铁木真。

　　但是，汪古部距离铁木真部很近，他们的部将对铁木真的情况也了解颇多，知道铁木真是个有勇有谋的人，而且人心所向，势力正在日渐强大；而乃蛮部却内部分裂，太阳汗懦弱无能，料想他也不是铁木真的对手。因此，汪古部首领阿剌兀思·惕吉忽里与部属商量后，决定拒绝与太阳汗结盟，率部投靠了铁木真。

　　铁木真非常感动，以厚礼回报汪古部。汪古部主动投靠了铁木真，建立了与蒙古部之间的友好关系，这让铁木真不但在与乃蛮部的斗争中大获帮助，而且由于汪古部世代为金国守卫长城，它的易帜，也为铁木真日后攻打金国提供了极大的便利。后来铁木真攻金，汪古部不但献出长城关口，还出兵带路。金国的长城不但没有发挥抵御蒙古兵的作用，反而为铁木真所用，从长城沿线长驱直入。可见，再坚固的长城也难抵人心所向。

　　接到汪古部的报告后，1204年春，铁木真在帖篾延客额儿（今哈拉哈河一带）的骆驼滩召开会议，商讨对付乃蛮部的方法。

　　决议出征后，铁木真便开始认真组织全军的出征准备工作，竭力整顿军事组织，重新编组军队，并直接任命军官。经过改组后，军队的秩序和纪律大有提升，以前无秩序、无训练的民兵式游击部队也逐渐变成了有铁的纪律和严密组织的钢铁之师。

　　而在整编过程中收益最大的，自然是那些长期以来一直追随铁木真的那可儿们。他们都获得了特殊的地位和权力，从而也激励着他们更加忠诚、更加勇敢地为铁木真而战。

第十二章 一统蒙古

宁可折断骨头,也不可背弃信义。

——(元)成吉思汗

(一)

1204年4月16日,这是一个被蒙古人视为红日高照的吉祥之日。铁木真的大军披挂整齐,集合于军旗之下,举行祭旗之礼,祈祷军神保佑,然后浩浩荡荡地出发了。消灭乃蛮部的重要一战拉开了序幕。

铁木真率领大军进至杭爱山去的萨里川(今蒙古国乌兰巴托一带),先与乃蛮部的哨兵相遇。仓促交手之后,铁木真部的一只瘦马逃逸,被乃蛮部捉去。太阳汗见此马羸弱,难以力战,顿生轻敌之心。

然而,一夜之间,情势大变,只见漫山遍野到处都是铁木真的士兵燃起的熊熊火堆,火光映照之下,骑士们来来往往,简直数不清有多少人马。

乃蛮部士兵见状,匆忙向太阳汗汇报,使用的语言也极富文学色彩:

"蒙古人的的军队布满了萨里川,他们燃起的火堆比天上的星星还要多!"

其实,这正是铁木真的用兵之计。他见一匹瘦马暴露了自己的弱点,致使敌人气焰更加嚣张,心中很是忧虑。这时,属下有人建议说:

"我们远道而来，人困马乏，又被太阳汗窥探了虚实。乃蛮部人多势众，以逸待劳，显然更占据优势。但太阳汗愚蠢怯懦，不如先虚张声势，用火光来吓唬他，让他不敢轻举妄动。"

铁木真采纳了这一建议，遂下令部队在萨里川散开布阵，每人至少点起五堆篝火，以迷惑敌人，迟滞敌人的进攻。

这一计策果然有效，一方面瓦解了乃蛮部士兵的士气，令他们以为敌兵甚众，内心先胆怯了三分；另一方面也干扰了太阳汗的决心，令他不知虚实，进退两难，由此与儿子反目相争，在最高统帅层中引起了不和。

太阳汗见铁木真营地篝火一片，心中害怕，就派人对儿子曲出律说：

"蒙古部的马虽然瘦弱，但人数众多。那些蒙古人，个个都是不要命的家伙，枪刺在腮上不眨眼，血流出身体不后退。我们不如暂时退兵，诱敌深入，等骑着瘦马的蒙古人赶来，再趁他们疲劳时迎头痛击。"

虽然这是太阳汗畏敌退却的一种遁词，但这却是一种比较稳健的打法。然而曲出律年轻气盛，他早对父亲的胆小感到不满，因此嘲笑说：

"堂堂的太阳汗竟然像个胆小的妇人一样无知！蒙古人哪有那么多？大部分的蒙古人其实都跟着札木合来到我们这一方了。妇人似的父汗害怕了，被铁木真吓破了胆。"

太阳汗听到儿子对自己如此不敬，非常恼怒。但太阳汗的部下豁儿速别赤却支持曲出律，对太阳汗更是大加嘲讽：

"你的父亲亦难察汗，打仗时从不让敌人看到他的后背，从没让敌人看见他战马的尾巴，而你却如此胆怯。早知道你这样无能，还不如让古儿别速王妃来当统帅，妇人都比你有胆量！"

儿子与部下如此轻视和嘲讽自己，终于激怒了太阳汗。但这种嘲讽意在催他决战，他也无法治他们的罪。于是，他下令大军前进，沿着合池儿水、塔米儿河，到达纳忽山崖前。

在兵力的人数上，太阳汗占一定的优势。因为除了乃蛮部的本部人马外,还有札木合纠集来的各路残余势力。

但铁木真的麾下却是人才济济,猛将如云,因此,将士们对乃蛮部的人多势众毫无惧色。

铁木真有益挑选了号称"四獒"的哲别、忽必来、者勒蔑和速不台作为先锋,自己也身先士卒,参加了先锋部队的行动。

随后,中军和后军也按照铁木真的指挥,四散而出,从各个方面铺天盖地地向敌群扑去。

(二)

乃蛮部虽然人数众多,平时却甚少训练。太阳汗每日只知道纵情声色,哪里会整军练武呢?将惰兵弱的一支军队,即使人数再多,也如同行尸走肉,根本经不起铁木真大军洪水猛兽一般的冲击。

"四獒"所率领的前锋部队在敌阵中横冲直撞,锐不可当。乃蛮军顿时大乱,节节败退,最后退至纳忽崖下,缘山麓布阵抵抗。

太阳汗望着远处那四个如狼逐羊一般追逐自己士兵的勇士,问身边的札木合:

"这四个人的名字分别叫什么?"

札木合一一说出四位勇士的名字,太阳汗颇感紧张,忙说道:

"那我们还是离这些家伙远一点好!"

说着,他就由山前退到了山坡。

在山坡上,太阳汗又看到一群蒙古人跳跃而起,飞马驰来,又问道:

"那些人是谁?为什么这么快驰来?"

札木合答道:

"他们是兀鲁兀人和忙忽人,他们勇敢善战,一打起仗来就会高兴得跳起来。"

太阳汗吓得发抖，忙颤声说道：

"那我们还是离那些家伙再远一点吧。"

说完，又向更高的山坡退去。

札木合虽然也对铁木真的部队感到恐惧，但又对太阳汗的怯懦嗤之以鼻，便决定戏弄他一番。于是，他对蒙古勇士大加赞赏，吓得太阳汗惊恐万状。恐吓完太阳汗之后，札木合不等战争结束，便拉出自己的人马扬长而去。

札木合离开乃蛮部不久，铁木真的先锋之一哲别便率先攻近了山头。这位当年曾射毙铁木真坐骑的神箭手，在这次大战中大展神威，手刃敌兵不计其数。这时他一抬头，看到了山坡上惊慌失措的太阳汗，便搭弓瞄准，"嗖——"地射出了一箭，一下子就射中了太阳汗的左肩胛。太阳汗惊呼一声，跌倒在地，被他的左右救到一边。

这时，夜幕已经渐渐降临。为减少人员的伤亡，铁木真在夜色笼罩前下达命令，让大军停止前进，但却将达纳忽山团团围住，以免敌人乘夜逃脱。

乃蛮人本来是打算趁着夜色冲出重围的，但结果却与他们的愿望正好相反。他们在黑暗中东奔西突，想寻找一条生路，却导致队伍拥挤不堪，互相践踏，许多人都因此从山上滚落沟壑摔死。

天亮后，蒙古军再一次对乃蛮军发起冲锋。太阳汗经过一番惊吓，现在又受了伤，浑身无力地躺在山顶，不肯起来指挥作战。

乃蛮军统帅无能，放弃指挥，铁木真乘胜追击，很快就突破了乃蛮军的防线，擒住了筋疲力尽的太阳汗。但因伤势过重，流血不止，太阳汗不久便一命呜呼了。

太阳汗的儿子曲出律听说父亲兵败被俘后，急忙逃走。铁木真穷追不舍，越过阿尔泰山，在兀泷古水（今乌伦古河）附近的白骨甸将曲出律的队伍打散。曲出律只率领少数部众奔逃到北部乃蛮，投靠了他的叔叔不欲鲁汗。

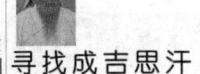

蔑儿乞部的脱黑脱阿也乘混乱逃脱，铁木真率兵追击，在途中遇到蔑儿乞部的一个分支，其首领名为带儿兀孙。他将自己美丽的女儿忽兰献给铁木真，请求投降。铁木真将她封为皇后。

不久，蔑儿乞的另一些分支——兀都亦惕蔑儿乞以及麦谷丹、脱脱里、察浑等部，也都被铁木真派兵包围，尽行收复，地点在台合勒山。

追随太阳花的一些大大小小的部落、氏族看到乃蛮部大势已去，纷纷归附铁木真。从此以后，从兴安岭向西，直到阿尔泰山，整个漠北草原上，各个部族全部归附到铁木真的大旗之下。

太阳汗的部落灭亡后，札木合也预感到了自己最后失败的命运。他率领残部逃到倘鲁山（今唐努山）时，跟随他的部众都纷纷离他而去，让他丧失了自己的最后一点资本。

当时，他的身边只有5个那可儿，只好以偷盗为生。有一次，他们射中了一只野羊，正准备烤了吃掉，札木合因走投无路而性情更加暴躁，忽然莫名发起火来。5个那可儿感到忍无可忍，遂将其捆绑起来，当做立功赎罪的见面礼，将札木合送到铁木真面前。

札木合自知免不了一死，也就不再对铁木真卑躬屈膝了。他让人传话给铁木真说：

"黑乌鸦捉住了黑鸭子，奴才擒拿了主人。我的安答，请你想清楚应该怎么办。"

铁木真回答说：

"侵害主人的人，怎么能让他活着？这些人，不能做任何人的朋友。"

于是下令，当着札木合的面处死了他的5个那可儿。

铁木真很重感情，对于如何处置札木合这位昔日的安答，他感到很犹豫，甚至派人去劝札木合投降。但札木合心里清楚，草原上的英雄最终只有一个。而且就算自己活着，也永远不会取得铁木真的信任。因此，他主动要求一死：

"安答若是可怜我，就请尽快赐我一死。若蒙安答垂怜，请在杀我的时候不要让我流血。"

铁木真只好下定决心，按照札木合的要求，赐他"不流血而死"——放入牛皮口袋闷死，并给予优厚的安葬。

所谓"不流血而死"，是古代蒙古族处死贵族的方法。因为按照蒙古人的萨满教信仰，认为人的灵魂居住在血液中，不流血而死便保住了灵魂。

（三）

公元1206年（蒙古人称虎儿年），南宋开禧二年，金朝太和六年，对于全中国和全世界来说，这都是一个极其重要的年份。

这一年的春天，蒙古民族的发祥地，也是铁木真的出生地，斡难河上游的"三河之源"的那片大草原沸腾了。草原上各个部落的贵族们从四面八方云集而来，数不清的毡房账幕星罗棋布，千千万万面五颜六色的旗帜在空中飘扬。地面上人喧马嘶，欢声笑语，腾起一阵阵滚雷似的声浪，冲向云霄。

这里正在举行一次具有历史性意义的"忽勒里台"。忽勒里台，广义而言，可指一切集会。它是蒙古民族的一种朴素的民主形式，时间多在春、夏季召开。后来铁木真将其定为制度，忽勒里台便专指讨论军国大事的会议，其权责为选举大汗、决议和战、修正宣布法令等。

这种会议只限贵族参加，但很富有民主色彩，可以广开言路，博采众议。就在这次忽勒里台大会上，铁木真正式建立了自己的帝国——也客·蒙古·兀鲁思，汉语意为大蒙古国，俗称蒙古汗国。

在铁木真的宫帐前，树立起了一面引人注目的白色旗帜，旗上还有9条飘带，史称"九游白纛"。蒙古人以白色为吉祥的颜色，而"9"又是蒙古人认为吉祥的数字，所以用"九游"，即9条飘带。蒙古人相信这个旗帜代表着军队的守护神，引导军队从胜利走向胜利，所以蒙古军队打仗前都要祭旗出征，胜利后也要用牺牲摆供祭祀。

与17年前第一次称汗时一样，除了要借助民心舆论的力量外，还必须借助"神"的力量，借助"天意"。铁木真知道，即使在中原王朝，历代皇帝登基，特别是开国之君初创基业，都要借助"天命"。当然，这个"天命"需要一些有知识并热衷于博取功名的士人去编织创造。

在忽勒里台大会上一致推举铁木真为汗，并商量确定这个汗的名称时，铁木真幼年的监护人蒙力克老人的长子阔阔出，人称"帖卜腾格里"说话了。"帖卜腾格里"是巫师的称号，意为"接近上天"。他是萨满教中一个举足轻重的人物，许多人都称他为"通天巫师"，他自己也常常自称为"通天使者"。

阔阔出站起身来，极其郑重其事地对铁木真说：

"建号古儿汗或大汗的几位君主都已经败亡，不宜采用此等不详的称号。如今，地上称古儿汗的诸国国君都被您征服，他们的领地也都归您统治，因此，您应该有一个普天下万民之汗、王中之王的称号。根据上天的旨意，您的尊号就叫成吉思汗。"

在蒙古语中，"成吉思汗"含有"万民之王""人类之帝""海内的皇帝""宇宙的皇帝""光的精灵""天可汗"等含义，还有"强大的众汗之汗"的意思。

铁木真对这个称号很满意，他点头微笑说：

"既然是长生天的旨意，从此就称成吉思汗吧。"

忽勒里台大会上的人们一片欢呼。随后，成吉思汗以"奉天承运"的人间圣主自居，以"汗权天授"而自豪，发表了讲话。他说：

"今天，我依靠长生天的力量，获得了天地的赞助，救助普天下的百姓，使之归附于我的统一之制。今后，我们要以诚配天，依靠天地的赞力，承蒙皇天的题名，一定可以逢凶化吉，百战百胜！"

说完，他又带领大家向太阳行九跪之礼，以表示对上天的忠诚。从此以后，成吉思汗的公文、圣旨中便经常出现"朕受长生天之命，统治一切国家""长生天底气力""依靠永恒的天力"等词句。

登基仪式结束后，成吉思汗终于如愿以偿地当上了整个蒙古草原至高无上的大汗。这次称汗显然与第一次称汗不同。首次称汗只不过是成为蒙古乞颜部的王，不过是个"诸侯王"。而这次称汗，则是成为大蒙古国的王，也就是"天子王"，与秦始皇、汉武帝、唐太宗、宋太祖这些最伟大的天子相比，毫不逊色。

（四）

能够建立起这个统一的大蒙古国，并顺利地登上汗位，当然离不开自己的兄弟、子侄和整个乞颜氏家族，离不开那些忠诚勇猛的那可儿和誓死效命的所有将士。所以，加冕仪式结束后，成吉思汗要做的第一件事就是大封功臣。

经过精心的思考，成吉思汗在新建成的金碧辉煌的朝议大帐中召开了第一次御前会议，开始论功行赏。

首先，成吉思汗敕封他的诸弟和诸子皆为宗王，作为蒙古国的最高统治集团，即所谓的黄金家族。国内所有的将领、官吏和百姓也都必须是这个黄金家族的"臣仆"。

其次，他将大蒙古国的领土和民众按照分配家产的体例，分给自己的亲属宗王。宗王分得的土地称为"忽必"，意为"份子"。宗王们对于自己分得的"忽必"可像私有财产一样自由支配，也可以世袭。宗王便是"忽必"中的汗，因此又称"封国"或"汉国"。

具体的分封是以当时已有的蒙古草原为主，东有兴安岭，西有阿尔泰山，南有阴山，形成了自然疆界。成吉思汗以草原的中部作为中心，将东面沿兴安岭一带的领地分配给自己的弟弟，称"东道诸王"或"左翼诸王"；西面沿阿尔泰山一带的领地分给诸位儿子，称"西

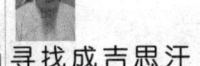

道诸王"或"右翼诸王",以此作为帝国的两翼。

在"东道诸王"中,二弟合撒儿在历次大战中功劳最大,因此受封4000户,多于其他的弟弟,其封地在兴安岭以西,额尔古纳河、海拉尔河及库伦山环绕的地区。

三弟合赤温此时已经病故,其子嗣阿勒赤歹受封2000户,其封地在北海之南,乌里勒吉河流域。

幼弟铁木格斡赤斤在征讨乃蛮部时作战勇猛,根据蒙古人的惯例,幼子可继承父母的财产。诸子长大后均需自立门户,只有幼子婚后仍可以与父母同住,守着父母的财产。因此,幼弟与母亲月轮夫人共受封1万户,在诸弟、诸子中实力最为雄厚,其封地在今呼伦贝尔地区直至兴安岭以东、洮儿河、嫩江流域。

异母弟弟别里古台秉性忠厚,与成吉思汗兄弟友爱甚笃,因此成吉思汗常托以重负。此时受封3500户,封地在斡难河与克鲁伦河之间。

在西道诸王中,长子术赤封9000户,其封地在阿尔泰山到额尔齐斯河流域。

次子察合台封8000户,其封地在原乃蛮部的阿尔泰到阿姆河地区。

三子窝阔台封5000户,其封地在乌伦古河流域。

幼子拖雷封5000户。按照幼子继承的惯例,拖雷将继承成吉思汗直接领有的军队11万户和他直接统辖的蒙古草原中部地区。

在分封完诸位亲王之后,成吉思汗紧接着又宣布了他的一项重大决策,即在全国实行千户制,将这一建制作为蒙古汗国的基本组织结构和政权形式。

千户制是在1204年进攻乃蛮部前的军制改革基础上建立的。成吉思汗将全体蒙古百姓划分为95个千户,任命了88个人为千户长。其中比较特殊的是三个"世婚"氏族:汪古部阿剌兀思剔吉忽里统辖5000户,弘吉剌部德薛禅之子、成吉思汗正后孛儿帖的兄弟阿勒赤统辖3000户,亦乞列思部孛秃统辖2000户。

千户制的重大改革是每1000户中由被打乱的不同部落的人混合构成，千户的规模大小不一，因地制宜。有的千户长管辖多达4000户，有的则不足千户。千户下面又设百户、十户，置百户长、十户长管辖。

这种制度彻底打破了旧的氏族制度，打破了由氏族长老管理本部事务的传统，而由军事首领按照作战、生产、分配的需要而直接任命官吏，也让原来的部落界限泯灭，极有利于瓦解落后的、容易导致分裂的氏族部落结构，有利于加速各个氏族的融合，有利于蒙古民族统一的形成和发展，同时也有力地防止了旧贵族势力的复辟。

第十三章　灭夏伐金

苦难，能使人坚强，也容易使人暴烈；能使人容忍，也容易使人残酷无情。

——（元）成吉思汗

（一）

蒙古帝国建立的巨大喜悦并没有让成吉思汗飘飘然，他绝不会陶醉在这一胜利中而忘乎所以。因为，他现在统一的仅仅是蒙古草原上的各个部族，他的南方，即万里长城的那一边，还有一个实力强大、幅员辽阔的宿敌金国。在西方，还有西夏、西辽等西域诸国，正在对他这个新崛起的帝国虎视眈眈。

金国是必须要消灭的，杀掉他们的皇帝，占领他们的疆土，俘获他们的民众，为蒙古人的祖先报仇雪耻。这是成吉思汗父子几代人多年来的夙愿。而对于西域各国，也要逐步降服，一一兼并。只有这样，新生的大蒙古国才能永远坚如磐石，这才是成吉思汗现在的梦想。

为了实现这个梦想，成吉思汗在帝国建立的恢弘盛典刚刚结束不久，就开始策划下一步的军事行动，准备挥戈南下，耀兵城外。

但是，当时更为迫切的任务是追击残敌，巩固后方。虽然蒙古草原上的大部分部族都已归附了成吉思汗，但被他打败的一些部族残余还没有肃清。他们流窜在边境地区或境外，伺机蠢蠢欲动。另外，草原北部许多"林中的百姓"也尚未降服，需要派兵征讨。

于是，成吉思汗就选择了当年的宿敌，北部乃蛮部首领、太阳汗之弟不欲鲁汗，作为首先攻击的目标。

不欲鲁汗在阔亦田战役中元气大伤。成吉思汗消灭太阳汗后，他更如惊弓之鸟，率领残部逃到莎合水（今蒙古国科布多河上游索果克河）地区游猎，以为从此可以摆脱蒙古人的追击了。

可他万万没想到，一个月后，成吉思汗派出的赤老温的精锐骑兵突然向他发起袭击。不欲鲁汗仓猝不及防备，一举被歼，不欲鲁汗也被赤老温一箭射死。

消灭不欲鲁汗之后，成吉思汗又派长子术赤率兵征讨北方地区"林木中的百姓"。这些人居住在蔑儿乞部以北的广阔地带，多属于蒙古语系。他们人数众多，并有许多分支，各自都有各自的名称。斡亦剌部距离草原地带较近，曾先后参加过札木合、王汗和太阳汗反对成吉思汗的军事联盟。

但是，其首领忽都合别乞慑于成吉思汗的威名，"天兵一到，闻风而降"，并主动请求做向导，带领蒙古军陆续招降了斡亦剌的其他部族及生活在贝加尔湖附近的八里牙惕、秃马、八儿忽等部。

对此，成吉思汗也给予了他们特别的恩惠，将自己的女儿扯扯亦干下嫁给忽都合别乞的儿子脱劣勒赤为妻，将术赤的女儿豁雷罕嫁给忽都合别乞的另一个儿子纳勒赤为妻。忽都合别乞的女儿则嫁给了成吉思汗的孙子贵由（窝阔台之子）为妻。

1207年，成吉思汗又派使者招降了位于斡亦剌部西面的吉利吉思部。吉利吉思部早在唐代时期便是一个强大的部族。当时，吉利吉思部分为许多部落，分布于叶尼塞河流域，西南至阿巴坎河，东北至安加拉河一带。

吉利吉思部见到成吉思汗的使者后，很快表示愿意归降。此后，他们便带着白海青、白骟马、黑貂鼠等礼物拜见术赤，并派使者去朝见成吉思汗，敬献了礼物。

成吉思汗将草原以北的广大地区赐给长子术赤统治，并委托豁儿赤为管理"林木中的百姓"的万户。

听闻成吉思汗统一蒙古各部之后，居住在天山南北的畏兀儿人因不满于西辽的统治，也主动请求归附蒙古。成吉思汗非常高兴，将其首领亦都护巴尔术收为第五子，并将自己的女儿嫁给他。

此后，畏兀儿人屡次出兵协助成吉思汗作战，蒙古也得到了文化素质较高的畏兀儿人才。

1211年，居住在畏兀儿以西的哈剌鲁（即唐代的葛逻禄）也归附了蒙古。这样，成吉思汗的统治地域向北、向西大大扩展了。原来臣服于西辽的各个蜀国也纷纷动摇，为成吉思汗日后远征西辽打下了基础。

西辽，又称哈剌契丹，最初是由辽国贵族耶律大石创建的。耶律大石是辽太祖耶勒阿保机的八世子孙，文武双全，点过翰林，当过节度使。

辽国在被金国灭亡后，耶律大石退居漠北，再向西进，于1130年在叶密立（今新疆额敏县）建号称帝。

西辽建国后，开始东征西讨，东边的臣服哈剌鲁、畏兀儿、乃蛮等部，西边臣服花剌子模等，曾辉煌80年之久。然而，这个大国却亡于一个流亡的阴谋家曲出律之手。

成吉思汗消灭太阳汗后，其子曲出律仓惶出逃，辗转来到西辽，骗取了西辽皇帝直鲁古和皇后的信任，被招为驸马。然而，他趁机发展私人势力，并勾结花剌子模，不久便篡夺了西辽王位。曲出律篡权后，便原形毕露，搞得人民怨声载道。

曲出律还经常派兵回乃蛮部故地侵拔，成吉思汗担心乃蛮部死灰复燃，便于1215年从攻金战场回到克鲁伦河，召开军事会议，派哲别率军征讨西辽。

1218年，哲别在碎叶城大破西辽军，曲出律再次逃跑，后被猎民擒拿，送到哲别军中，哲别将其斩首。

由于哲别遵照成吉思汗的指示，执行了尊重西辽人民宗教信仰的正确决策，赢得了西辽人民的拥护，原西辽蜀地也逐渐变成了蒙古帝国的领土。

（二）

西夏是成吉思汗准备征服的第一个重要目标。

当时，蒙古国东部和东南部相邻的是金国，西南部相邻的是西夏，远隔金国遥遥相望的是南宋。金国长期压榨蒙古各部，对蒙古政权构成最大威胁的也是金国，成吉思汗本来打算先灭掉金国这个劲敌，然后再灭掉西夏。但金国实力强大，而且西夏是金国的属国，如果先打金国，西夏必定会从西侧攻击蒙古。两国共同进攻，成吉思汗就必须两面作战，极为不利。

经过长期的深思熟虑后，成吉思汗决定先易后难，先征讨西夏，以免除南下的后顾之忧，获得充足的人力物力补充后，再进攻金国。

西夏政权是由党项贵族建立的，自从1038年李元昊称帝后，一直盘踞在西北地区，拥有数十万的军队。经过多年的发展，西夏政权已经成为一支不可忽视的军事力量。

然而，西夏后期，贪污贿赂之风盛行，统治日渐腐败，国势日衰。而且，西夏虽然称藩于金，但与金国关系并不融洽。这些都为成吉思汗征服西夏提供了有利条件。

西夏先是侵扰、劫掠蒙古的西南、南部诸部落，后又收留王汗之子桑昆。因此，1205年，成吉思汗就以王汗之子桑昆逃入西夏为由，攻破了西夏的两座小城，掳走了一批财物。

西夏统治集团面对强敌，依然不思振作。1207年，夏襄宗李安全废掉堂兄李纯祐，夺取王位，请封于金。成吉思汗以新主即位，不来告丧为由，遣使逼西夏纳贡称臣。李安全不从，成吉思汗便亲率大兵南下征讨。

蒙古军先是包围了西夏北部的兀拉海城（今阿拉善右旗境内），遭到西夏军顽强抵抗，双方激战了40多天，最终蒙古军攻陷此城。

两年后，蒙古军又开始大规模征讨，从兀拉海城长驱直入河西地区，直逼西夏都城中兴府。西夏皇帝李安全急忙派使臣向金国求援，但金国皇帝昏庸无能，竟然说道：

"蒙夏两国相攻，我国可以从中渔利，这难道不是我国的福分吗？"

金国拒不出兵，致使西夏陷入孤军奋战的境地。

见此情景，成吉思汗又改变策略，派人入城招降。李安全自知难以抵抗，便被迫答应了蒙古人的条件，向蒙古纳贡称臣，还将自己的女儿察合公主嫁给成吉思汗。成吉思汗这才罢休，率兵返回蒙古草原。

西夏虽然没有被消灭，但力量却被大大削弱，尤其是西夏与金国之间的矛盾更加深了，金夏联盟开始分裂。这样，成吉思汗就解除了后顾之忧，可以放心大胆地去攻打金国了。

然而，当成吉思汗转而用主要力量进攻金国时，西夏却不满于附庸国地位，统治集团内部斗争加剧。后来，李安全被废而死，神宗李遵顼即位，朝中反蒙势力增加，西夏对蒙古的态度也悄然发生了变化。

1217年，成吉思汗再次要求西夏出兵参加西征金国，遭到西夏拒绝。西夏大臣阿沙敢不还讽刺成吉思汗说：

"既然自己的力量不够，何必当大汗！"

成吉思汗受到藐视，火冒三丈，遂下令木华黎在南下征金的同时进兵西夏。木华黎领命后，长驱直入，包围了中兴府，夏神宗仓惶逃到西凉府，并派使者向成吉思汗求和。

此时，成吉思汗正在集中主力进军中亚、西亚，所以下令木华黎从西夏撤军。

1224年，西夏公然背叛蒙古，联金抗蒙，并派遣使者联络漠北诸部，共同抗击蒙古。成吉思汗得到消息后，大为恼火，遂下定决心攻灭西夏，根除这个心腹之患。

1226年春，65岁的成吉思汗统率10万蒙古大军，以次子窝阔台、幼子拖雷随征，三子察合台为后援，对西夏展开猛烈攻击，西夏某些城池守军虽然也顽强抵抗，造成蒙古军较多伤亡，但最终还是难以抵御蒙古军汹涌的攻击，多数城池被蒙古军攻破。

1227年初，蒙古军包围了中兴府城，展开围攻。这年7月，成吉思汗在清水县驻地病死，遗诏秘不发丧，待西夏末帝献城投降后，将城内军民全部杀光。

同月，夏末帝李睍率领文武百官出城投降，蒙古诸将将他们擒住并全部杀死。随后，蒙古军冲入城内，大肆杀掠，城内人口仅剩下一小部分。

西夏立国190年，至此灭亡。

（三）

金国是蒙古部落的宗主国，曾经灭辽国、北宋，称雄一时。但到成吉思汗称霸时，金国已经度过了鼎盛时期，国力渐衰，君臣之间也互相猜忌，朝臣勾心斗角，朝政昏乱，军队长期不耕不战，士气低落，国内各种矛盾都十分尖锐。

金国是蒙古的世敌，成吉思汗想要称霸世界，首当其冲的就是要灭掉金国。1209年，成吉思汗在进攻西夏时，从战略上就是拆除了金国的西北屏障，为攻打金国扫平道路。同时，成吉思汗又扫除残敌，巩固后方；招降汪古部，建立攻金前沿阵地；还积极招抚金国的戍边故将，策反金军内部等。

经过长达五六年的准备，攻打金国的时机已经成熟。

公元1211年2月，成吉思汗正式在蒙古东部的克鲁伦河河畔誓师。他召集蒙古各部，无论是蒙古本部还是住在遥远地方的附庸也都纷纷前来，与成吉思汗共商伐金大计。

成吉思汗将远征金国的战争当成是全国性的对外战争加以准备。他广泛发动盟友，统治吐鲁番和库车等地的绿洲、居住在西部的畏兀儿亦都护巴而术·阿而忒·的斤，以及统治巴尔喀什湖以南谢米列奇耶地区的哈剌鲁王阿儿思兰等，都率领军队不远万里前来参加对金国的作战。

成吉思汗率领各路大军来到蒙古的圣山不儿罕山，举行了盛大庄严的宗教仪式，祈求长生天保佑他赐予蒙古福气，保佑他出师顺利。宣誓完毕后，成吉思汗正式率领大军，两路齐发，直捣金国。

3月，成吉思汗亲率大军离开克鲁伦河大营南下，越过沙漠，进入汪古部驻地。当时已近4月，天气渐暖。成吉思汗认为，蒙古军人不适宜在炎热的季节作战，因此只派出少许骑兵在金国西北边防线上游弋，侦察金军情况。

意识到蒙古大军已经压境后，金主卫绍王才知事态严重。他一方面遣使求和，成吉思汗不许；另一方面又积极备战，加强西北地区的军事部署。4月，卫绍王任命平章政事（相当于丞相）独吉思忠为主帅，进驻抚州（今兴和县境内）；副帅为参知政事（相当于副相）完颜承裕。他们一到任，就立刻抓紧时间新修乌沙堡（今兴和县境内）等边堡长城。

成吉思汗获得这一最新消息后，迅速制定了作战方案：蒙古军兵分左右两翼，以钳形形势扑向金国，使其首尾不能相顾；同时选择乌沙堡为首战之地，破堡打援，以求初战告捷，增强士气。

1211年初秋刚到，成吉思汗便亲率左翼军向东南挺进。他派大将哲别为先锋，首先向乌沙堡进攻，进入金国境内。哲别作战勇猛，蒙古军锐不可当，很快就占领了乌沙堡和乌月营（在乌沙堡西南，约为支援乌沙堡的基地）。

乌沙堡虽然不是什么大的地方，但第一仗打胜对蒙古军是个很大的鼓舞，也让蒙古将领认识到了金国长城之固不过如此，坚定了胜利的信心。

金主卫绍王闻讯后大怒，又派出完颜承裕为主帅抵御蒙古军。但完颜

105

承裕见蒙古大军势力太盛，不敢正面抵抗，慌忙率军撤退，一直退到野狐岭附近，才将大军驻扎下来，与蒙古军对抗。当时，金军数量远胜于蒙古军，号称大军50万，但金国将领指挥不当，金军士气十分低落。

蒙古大军以迅雷不及掩耳之势，在野狐岭大败金军，突破了金国用来防御草原游牧民族进攻的边墙。在这次战斗中，金国的精锐部队几乎丧失一半，从此元气大伤。

9月，蒙古大军继续前进，克宣德，进抵居庸关北口（今北京八达岭）。大将哲别见这里的金军守卫甚严，关隘险峻难攻，便采取调虎离山之计，佯装退却，引诱守关金兵出兵追击。

当哲别率军退至鸡鸣山嘴（今宣化境内）时，突然返身迎敌，金军顿时乱了阵脚，蒙古军乘胜夺取了居庸关。

成吉思汗也随之入关，驻扎在龙虎台（今北京昌平以西10千米）。不久，大军便直扑金国首都中都而去。

然而，当蒙古军屯兵于中都城下后，面对中都高大的城墙和壁垒、深池，初期进入中原的蒙古骑兵竟然大感新奇，继而一筹莫展。这时，中都金兵又拼死抵抗，城中大炮接连轰击，城外又陆续有援兵赶来。哲别为避免蒙古军伤亡过重，遂于12月撤兵而去。

（四）

1211年首次伐金胜利后，大大鼓舞了成吉思汗消灭金国的信心。时隔不到一年，1212年秋，成吉思汗再度兴兵南下，仍然分兵两路：东路由哲别率领，直指辽东，目标是攻取金国的东京（今辽宁省辽阳）；西路由成吉思汗亲自率领，向西京（今山西大同）扑去。

成吉思汗率领的西路军越过阴山，连破昌、桓、抚等州，再围西京。在围攻西京的战役打响后，形势也正如成吉思汗所料的那样，金军元帅左都监奥屯襄率兵驰援西京，恰好经过蒙古军埋伏的密谷山口。

成吉思汗一声令下，蒙古军铁骑伏兵四起，顷刻间便将这支援军全部歼灭，仅奥屯襄一人逃回中都。

　　成吉思汗歼灭援军后，又挥兵攻城，但终因缺乏攻城机械而难以奏效。西京守军拼死抵抗，成吉思汗亲自到城下监督，结果不幸被流矢射中，不得不下令撤退。

　　哲别的东路军出发后，从坚冰上渡过大凌河、辽河，如入无人之境，直指东京而去。但东京城防也十分坚固，哲别攻城屡屡失利。

　　见东京城久攻不下，哲别便又佯装败逃，东京守军见状放松了警惕。途中，蒙古军俘虏了一名由中都派往东京的传诏使，哲别即令蒙古士兵乔装改扮，诈传朝廷有旨。东京守将开门迎接使者入城，蒙古精骑见状，紧随"使者"之后冲杀入城。城中10万金兵全部被俘，哲别在城中大掠一月有余，然后顺原路满载而归。

　　两次伐金，蒙古大军逐渐积累了作战经验，也摸清了金军的弱点，于是开始将攻击目标集中于中部。1213年秋，成吉思汗向金国发动了第三次，也是规模最大的一次进攻。

　　金国也看出中都乃是成吉思汗的攻击目标，因此特别重视加强对中都及其北部屏障居庸关一带的防守。金主卫绍王命元帅右都监术虎高琪率领30万大军驻守居庸关北面的怀来（今属河北）、镇州（今北京延庆县）一线，维修工事，强固防守。

　　成吉思汗获悉这一情况后，遂采取先扫清外围之敌、再夺取居庸关的战术，首先在怀来、缙山一带大破金兵，金军全线溃退。蒙古骑兵乘机掩杀，全歼金军主力20余万人。

　　成吉思汗乘胜追击，直抵居庸关口，眼看关城防御严密，实在难以攻破，便决定采用避尖就瑕之策，闪电迂回，令少数兵力屯兵关下，虚张声势，牵制金军；而自己则亲率主力从右翼绕道西南，偷越五回岭（今河北涞源东），袭破紫荆关（在今河北易县西），进入中原，从西南方向夹击中都。

与此同时，成吉思汗又命哲别率领少量精骑，乘着夜色从小路绕至居庸关南口，将那里正处于睡梦中的金军消灭。

随后，蒙古军从南口、北口两面夹击，迫使居庸关守将献关投降，哲别占领了居庸关。至此，蒙古大军像拿到了一把打开中原大门的钥匙一样，可以自由驰骋中原各地，也打通了中都的大门。

成吉思汗令怯台以5000精兵围困中都，自己则率兵先攻陷涿、易二州（今河北涿县、易县），然后兵分三路，深入金国腹地，进行扫荡式作战。

从1213年秋到1214年春，蒙古三路大军横扫了金国的黄河以北、华北平原、山东半岛的几乎全部领土。金军接连失败，刚刚即位的金宣宗被迫向成吉思汗求和，献纳金银财宝等。成吉思汗在得到金国的大量财物后，考虑到蒙古刚刚建国，西部边界尚不稳定，便率领军队撤退。

蒙古大军撤退后，慑于蒙古的军威，金宣宗于1214年春仓惶迁都南京（今河南开封），由皇太子留守中都，由尚书左丞完颜承晖、参政抹然尽忠辅佐，以躲避蒙古军的锋芒。

然而，金都南迁，实际上是走上了加速灭亡的道路。成吉思汗遂借口金帝缺乏议和诚意，再次出兵攻打金国，并顺利拿下中都。在这次战争中，成吉思汗还俘虏了赫赫有名、后来为元朝建立巨大功勋的经国大才耶律楚材。耶律楚材日后不仅对蒙古的对外扩张起到了重要作用，还帮助成吉思汗树立了以儒家思想治天下的方针，一直影响到成吉思汗的孙子忽必烈。

此后，成吉思汗率军回到漠北，蒙古征金暂告一段落。后来，成吉思汗又委托木华黎全面负责征讨金国的事务。成吉思汗死后，其子窝阔台汗继续对金进攻，直到1234年，蒙古才彻底将金国灭掉。

第十四章　艰难西征

与其悲叹自己的命运，不如相信自己的力量。

——（元）成吉思汗

（一）

攻打金国的同时，成吉思汗在西部还遇到了一个强劲的对手——花剌子模。花剌子模是当时统治中亚地区的大帝国，疆域辽阔，包括哈萨克斯坦、斯坦乌兹别克斯坦、土库曼斯坦、吉尔吉斯坦、塔吉克斯坦、阿富汗和伊朗的部分地区，对蒙古西部构成了极大的威胁。在亚欧大陆腹地，它是唯一一个能与蒙古帝国相比斤两的国家。

当时，西域强国花剌子模的君主是阿拉乌定·摩柯末。他继承父业，四处征战，成为中亚最强大的统治者。当他的势力蒸蒸日上之时，成吉思汗也完成了蒙古的统一，正在积极向四方推进。

攻占中都后，成吉思汗曾在花剌子模短暂停留，度过寒冬。期间，摩柯末为了解蒙古征服金国的情况，就派遣以巴哈·阿丁·吉剌为首的使节晋见成吉思汗。成吉思汗很想与花剌子模保持良好的关系，于是热情地接待了使团，并表示：蒙古为东方的统治者，花剌子模为西方的统治者，双方应保持友好关系，互不侵扰。

为表示友好，成吉思汗还派出使者和商队回访了花剌子模国。摩柯末也接见了蒙古使者，同意了成吉思汗的友好建议，双方还缔结了和平通商协定。

然而此后不久，双方便发生了误解和冲突。首先是哲别在消灭西辽时，花剌子模抢先占领了讹答剌等大片领土，挑起两国间的领土纠纷。

不久，速不台在消灭蔑儿乞部的残余势力，胜利回师途中，遭到花剌子模军队的追击。速不台知道蒙古已经与花剌子模签订条约，便一再对其退让，还派遣使者去劝说花剌子模国王，希望双方不要交锋。

但摩柯末不听劝告，仍然进军攻击蒙古军队。速不台大怒，遂设下伏兵，大败花剌子模军队，摩柯末也险些被蒙古军俘虏。

回国后，速不台将此事如实报告给成吉思汗。成吉思汗对速不台的做法大加赞赏，并加强了对花剌子模的防备。

1218年，成吉思汗派出一支450人的商队前往花剌子模进行贸易。然而商队在到达花剌子模的边城讹答剌时，其守将亦纳勒出黑却将这450人全部逮捕，并向摩柯末称这些人是成吉思汗派来的间谍，摩柯末下令将这450人全部处死。

成吉思汗获悉后，异常愤怒，但仍然保持着清醒的头脑。他不希望双方大动干戈，因此又派出三名使者前往花剌子模，交涉这件事情。

但摩柯末狂妄自大，不但不认为自己杀掉商队是错误的，还杀害了其中一名使者，并剃光了另外两名使者的胡子。胡子是蒙古人尊严的象征，剃掉了使者的胡子无疑是对蒙古尊严的侮辱。

由于花剌子模国背信弃义地撕毁了两国缔结的和约，野蛮地屠杀蒙古国派往该国进行和平贸易的商队，又杀害、侮辱前往交涉的蒙古国使臣，严重地侵犯了蒙古国的主权，侮辱了全体蒙古人的尊严，成吉思汗再也忍无可忍了。他立即动员全体蒙古国人，组成蒙古大军，发动了西征花剌子模国的复仇战争。

（二）

　　西征花剌子模对成吉思汗的蒙古大军来说是一项极其严峻的考验，此前成吉思汗从来没有走出过蒙古的范围。即使是他所征服的金国的大片领土，也只是蒙古草原的延伸。

　　现在，他将进入中亚地区、亚欧大陆的腹地。这里伊斯兰教盛行，完全是一个未知的陌生世界。而且，花剌子模统治着印度北部、突厥斯坦、阿富汗和波斯等广大领土，军事力量庞大，兵员数量上要比成吉思汗的军队占有很大的优势。

　　成吉思汗决定讨伐花剌子模，不仅要打败强大的敌人，还要穿越沙漠高山，接受严酷的自然环境的考验，风险是非常大的。成吉思汗的一些部下也都心存疑虑，内心感到很不安。

　　为此，成吉思汗的宠妃也遂坦率地向成吉思汗建议，征途艰险，应该在出征前解决好继承问题，以免发生变故。她说：

　　"可汗要越过高山，渡过大河，将要踏上万里征途，平定众多的国家。生在这个世界上的人，没有长生不老的。万一大树般的御体倾倒，像乱麻一样的民众由谁治理？像顶柱般的御体一倒，像麻雀群般的民众要谁来管理？在皇子之中，让谁可当汗？让诸子诸弟、众多的臣民以及我们这些软弱愚昧的妇女也知道此事吧！"

　　成吉思汗接受了也遂的谏言，说道：

　　"虽然是女子，但也遂的话很对。"

　　最终，成吉思汗在临行前立三子窝阔台为自己的继承人，认为窝阔台"为人敦厚，可承大业"。

　　继承人问题解决后，接下来成吉思汗便召开忽勒里台，与众将士商讨西征的准备工作，并作出了一系列的战略决定。

　　当时，蒙古攻打金国，9年未果；西夏拒不出兵支援，蓄有叛心；

111

而花刺子模杀蒙古使臣，屠蒙古商队，无理侵占西辽故土，在三大矛盾中最为突出，且摩柯末的气焰也最为嚣张。因此，成吉思汗决定先解决掉花刺子模这个主要矛盾。

而且，当时花刺子模虽然看起来势力强大，但其国土多为新征服的地区，统治基础尚不稳固。国内人种混杂，凝聚力差，民族和宗教矛盾也十分突出。因此，成吉思汗才以主力军西征花刺子模，而命木华黎率部继续攻打金国。对西夏，则只围不打，密切监视其动向。

在西征花刺子模的战略部署上，成吉思汗认为，西征路途遥远，情况不熟悉，故而不能打旷日持久的消耗战，必须以奇袭战、速决战，一举全歼。

在作战准备上，成吉思汗总结了攻打金国战争的经验，进一步改进部队编制、装备，广泛动员蒙古及各地兵员。参加作战的除蒙古骑兵外，还有钦查、畏兀儿、阿力麻里、哈刺鲁、契丹和黑契丹等部队。

另外，成吉思汗还下令每个战士携带三四匹从马（即预备马）、两套武器，并配备了军医、军需等。

1219年夏天，成吉思汗在也儿的石河畔举行了盛大的出师动员大会，来自蒙古帝国各地的各民族军队汇集在一起，场面极为壮观。耶律楚材有诗赞曰：

车帐如云，将士如雨；
牛马被野，兵甲辉天；
远望烟火，连营万里。

（三）

誓师大会结束后，成吉思汗率领大军浩浩荡荡地出发了。6月，大军来到阿尔泰山。在这里，蒙古人看到了一种平生从未见过的奇幻景观：同是一座山峰，一道山脉，山上山下却是截然不同的两个世界。

半山之下，郁郁葱葱，万花灼灼，流泉飞瀑，犹如琴鸣铮响。山腰之上，到处都是白雪皑皑，坚冰覆盖，又粗又尖的冰挂悬空而立，长达五六尺，犹如无数猛兽的獠牙巨齿，狰狞可怕。

成吉思汗传令，大队人马攀援而上，很快就来到了半山腰。但前方的路却不好走了，大军只好山腰扎营，燃起篝火，以抵御突然降临的彻骨寒冷。然后，成吉思汗又命令三儿子，即新立的皇储窝阔台，带领工兵在前面凿冰开道。

工兵们穿着棉袄皮裤，用事先准备好的铁凿、铁锤等工具，打去冰挂，铲掉路面上的冰层，一寸寸、一尺尺地开拓前进。

后面临时扎营的将士们，都在耐心地等待着一条亘古未有的冰雪之路的开通。经过一番艰难的努力，大队人马终于沿着这条狭窄的冰道翻越了阿尔泰山。

西行数里后，部队又开到了乌鲁木齐与伊犁之间的天险要道塔勒奇峡。这里山高万仞，层峦迭嶂，悬崖峭壁，怪石峥嵘。山峰与山峰之间，都是深不见底的溪谷，水流湍急，乱石如斗，且绕来绕去，根本无法通行。

这一次，成吉思汗命二皇子察合台率领工兵为先锋，硬是在峭拔的山腰里凿石为路，铺设栈道。从塔勒奇峡到松关（后定名为铁木尔忏察）一段，仅桥梁就架设了48座，其艰难程度可想而知。

虽然行军艰难，但成吉思汗的大军还是神话一般地飞跃了这重重天险，迅速来到别失八里（今新疆奇台）。更加令人惊叹的是，在这期间，造桥时间、行军季节掌握之准确，修路架桥与行军配合之默契，即使有现代化的参谋部来组织，其周密巧妙程度也不过如此。

大军离开别失八里后，不久又来到了西辽旧都虎思斡儿朵。这里已经接近花剌子模国境，大军在这里进行了短暂的休整。

在这里，成吉思汗将部队分为三路，其战略构思大体为：

第一路军先对锡尔河全线施行正面进攻，以吸引敌人的注意力。其中又分为三个兵团：

第一兵团由术赤率领，其中包括前来助战的一万名畏兀儿骑兵。以毡的城为第一目标，并扫荡锡尔河下游各城镇，然后溯河而上，与另外两个兵团会合。

第二兵团由察合台和窝阔台率领，以讹答剌城为第一目标，再溯河而上，扫荡锡尔河中游的驻军。

第三兵团由阿剌黑、速亦客秃、塔孩率领，沿拔罕那河谷至锡尔河上游，然后顺流而下，攻占浩罕城。

第一路军的总指挥由博尔术担任。三个兵团最终在忽毡附近会合，然后向西南进军，参加对敌首都撒马耳干（今乌兹别克共和国的一个省府）的围攻战。

第二路军由哲别率领2.5万名轻骑兵，秘密越过葱岭（帕米尔高原），从阿姆河上游顺流而下，自东南方向迂回包围撒马耳干，从而与第一路军形成钳形攻势。这样就可以绕到敌人后方，切断花剌子模与南方阿富汗、呼罗珊地区的联系，让敌人腹背受敌。

第三路军是中军主力，由成吉思汗与幼子拖雷亲自指挥。这支大军开始先隐藏于吹河南方休养兵马，待正面攻击部队开始行动，吸引敌人注意力之后，再秘密渡过锡尔河，穿越广阔难行的红沙漠，自西北方向奇袭不花剌城，切断敌人新旧两京之间的联系。然后，这支军队再与其他两路军会合，合围撒马耳干。

成吉思汗和拖雷行军穿越沙漠是十分艰险的。这里人迹罕至，只能利用春末融雪季节，沙漠中含水较多时穿过。当成吉思汗的大军从沙漠中一下子冒出来，好像飞将军一样从天而降时，花剌子模举国惶骇，摩柯末束手无策。难怪西方有人将成吉思汗的这次行军比作汉尼拔进攻意大利。

三路大军配合默契，均如期完成了各自的任务，然后合围撒马耳干。成吉思汗西征的三路大军，从奔袭路途之遥远、所经地区环境之艰险、气候之恶劣、进军速度之快捷、互相配合之默契等方面来说，都创造了世界军事史上的奇迹，显示出蒙古军人的吃苦耐劳和英勇无畏，也表现了成吉思汗作为一个指挥者的杰出才能。

一次,成吉思汗在打猎时,口渴难耐。正好附近有一洼山泉,他急忙跑过去捧起水就喝。正在他喝得畅爽之时,一只老鹰疾飞而至。成吉思汗被吓了一跳,山泉泼得满地都是。成吉思汗很生气,抽出腰间羽箭就射死了飞鹰。当他爬上山顶,发现飞鹰已经被羽箭穿胸而毙,而死鹰陈尸的山泉水源旁,有一条被鹰刚刚啄死的大毒蛇。成吉思汗暗暗庆幸,同时也十分懊悔自己射杀了飞鹰,于是对着鹰的尸身发誓:以后决不在盛怒下做任何决定。

第十五章　战摩柯末

若想治身，必先修心，责人之前，必先责己。

——（元）成吉思汗

（一）

蒙古大军压境而来的消息，不断传到花剌子模的都城撒马耳干。国王摩柯末曾经与术赤部的蒙古军有过初次较量，知道蒙古大军的厉害，因而不敢轻敌。他马上召开军事会议，分析成吉思汗的战略意图，研究迎敌对策。

摩柯末认为：花剌子模地形险要，城塞坚固，以游牧经济为主的蒙古骑兵善于野战，难以攻城；加之蒙古军跋涉千里而来，一定是人疲马乏，难以久战。因此，花剌子模应坚固城塞，城郭之外任由蒙古军掳掠一番，不久自然会退去。

确定了这一防御计划外，摩柯末马上动员全国40多万军队，分兵连锁守城；又分析蒙古军战略进攻方向在正北面，所以防御重点也在锡尔河沿线城堡。但不久又改变主意，将防御重心集中在撒马耳干地带，并企图在蒙古军攻城受挫、兵力耗竭时，在此与蒙古军进行决战。

依正规战法来看，摩柯末的设想是正确的。可惜的是，他还太不了解蒙古军的情况。从装备上来说，蒙古经过10年讨伐西夏、西辽、金国，掳掠招募了大量的能工巧匠，组建了强大的炮工兵军团，攻城、架桥能力大大增强，远非一般游牧民族可比。

同时，成吉思汗的战法又灵活多变，常常迂回穿插，深入敌后，迫使敌人在意想不到的时间、地点和不利态势之下仓惶迎战，从而歼灭敌军主力。

因此，摩柯末的计划虽然好，但一旦情况变化，便缺乏及时应对措施。而成吉思汗也正是根据摩柯末的这一情况，将军队分为四路，分别由术赤、察合台与窝阔台、阿剌黑、成吉思汗统率，分别进攻毡的、讹答剌、别纳客忒和不花剌，战争范围在今天的哈萨克斯坦、乌兹别克斯坦、塔吉克斯坦地区。

虽然双方兵力势均力敌，但蒙古军在成吉思汗的指挥之下，简直是摧枯拉朽，讹答剌、昔格纳黑、巴尔赤、毡的……一座座城市灰飞烟灭。蒙古大军所到之处，城市变成一片废墟。而此时的摩柯末，已经被蒙古军的攻势吓破了胆，一心想着逃跑。

紧接着，成吉思汗便率军进攻花剌子模首都撒马耳干。在蒙古军到来前，摩柯末将撒马耳干作为战略防御的核心，在城市周围建筑了若干条外垒防线，还加高了城墙，在城壕深挖放水，守城军队也增加到11万，并有20头战象。该城守将也是精心选中的脱盖罕。因此城中军民普遍认为，再强大的军队要攻打撒马耳干城，也要攻上三四年。当时，撒马耳干被称为是"不可攻克的城市"。

成吉思汗提前早已搜集了有关撒马耳干的情报，知道该城易守难攻，因此也采取了十分慎重的作战方针：先集中兵力扫清外围城市，将撒马耳干变成一座孤城；然后集中三路军团，以绝对兵力强攻。

根据这一战略部署，成吉思汗命令各路大军对沿途城镇能招降的招降，凡抵抗的则迅速攻克，个别城难攻下者只留少数部队继续攻克。而成吉思汗本人则马不停蹄，直奔撒马耳干城，围绕城墙多方巡视，熟悉地形，并将撒马耳干附近的阔克萨莱作为大本营。

不久，窝阔台、察合台等攻占讹答剌后，率领大军赶到撒马耳干待命。成吉思汗派一部分兵力进攻河滨堡塞，扫清外围，同时命令各军团准备攻城器材。

成吉思汗在勘察地形时，发现撒马耳干三面环山，只有城西是平原，所以决定将战场摆在西门外。虽然眼前是坚固的城墙、深深的壕沟、铁制的城门，但成吉思汗更重视人的因素，他对众将领说：

"城市的强大，只有依赖于防御者的勇敢才行。"

（二）

成吉思汗在城外巡察时，还命令从不花剌等地抓来的俘虏，每10个人打一面旗帜，充当蒙古军，向城内炫耀兵力。城内守军数量虽然远比攻城的蒙古军多，但却自以为兵少，心理上先怯了三分。他们纷纷说道：

"蒙古兵人数超过了沙粒和雨滴，他们把城市团团包围了。"

虽然攻城的准备已经做好，但成吉思汗听到情报，说摩柯末并不在城内，已经提前逃走了，便决定擒贼先擒王，将追歼摩柯末放在第一位。

于是，成吉思汗派出哲别、速不台二将及脱忽察儿，令其各率领骑兵一万人追歼摩柯末；又派葛答黑那颜、牙撒兀儿前往铁门关、塔里寒等地，阻击敌人的援兵；并指定拖雷相机前往平定呼罗珊，支援哲别、速不台二将的追击战。

三天后，成吉思汗部署完毕，开始下令包围撒马耳干。城中守将率军出击，想乘蒙古军展开之际，将其打得措手不及。但成吉思汗早有准备，派出掩护部队迎战，双方大战了一场，伤亡均很大。

傍晚，成吉思汗下令攻城，先以射石机、火焰喷射机、火箭投射器、弩炮、撞门机等进行急袭，然后又派兵在城门前占领有利地形，阻止敌军冲出城外。

随后,成吉思汗亲自上马,指挥各军团向城门发起攻击。守军放出战象投入战斗,蒙古军沉着应战,以射石机和弓弩射死、射伤战象,惊恐、负伤的战象纷纷逃回城中,反而踏死踏伤了很多守城的步兵。

整整一天的激战,让撒马耳干城中的军民都忧心忡忡,主张开城投降的人越来越多。城中的伊斯兰教长老、裁判官、《古兰经》保管者决定去见成吉思汗,乞求投降。成吉思汗接见了他们,并巧妙地利用城中居民对摩柯末的不满,让他们回城后向市民宣传说:

"撒马耳干原本是独立的奥斯曼汗的领地,仅在7年前被摩柯末以阴谋手段夺取,还将敬爱的领袖奥斯曼汗诱出城外杀害。"

百姓们听此传言后,出现了暴动,守军中的3万突厥兵也归服了蒙古军,其余残兵败将则退守内堡。

蒙古军浩浩荡荡地开进了撒马耳干,随后立即拆毁城墙,填平城壕,直到骑兵可以自由出入为止。成吉思汗按照惯例命令全城居民在城外集中,听候处置。在缴纳罚金之后,伊斯兰教长老们及其教徒的5万名家属被允许住在城内,其余市民则被赶到野外。其中,有3万名技工、工匠、铁匠等,被分配到蒙古各军团服务。

傍晚,蒙古军暂时离开了市区,而内堡中的守军已经是心胆俱裂。只有阿勒卜汗率领1000名决死队员冲出内堡,杀出一条血路,逃出去与摩柯末会合。

次日凌晨,蒙古军将内堡围困得水泄不通,不久便冲入内堡,消灭了守军。只有近千名守军退守清真寺,用火油桶和方簇箭坚持战斗。蒙古军用火焰发射器攻击,烧毁了清真寺,守军与清真寺同归于尽。

成吉思汗任命当地的伊斯兰教长老的两个朋友为撒马耳干的知事和总督,派一名蒙古人任监督,治理当地居民,当地的秩序和生产很快就恢复了正常。

蒙古军攻占撒马耳干,标志着征讨花剌子模的战役已经取得了决定性的胜利。花剌子模国主逃亡,首都沦陷,从此以后再难以组织起有效的反抗了,成吉思汗只需逐一平定其余城镇即可。

（三）

　　成吉思汗在发现花剌子模国王摩柯末逃走后,立即命哲别和速不台率兵去追。摩柯末首先从巴里黑逃到内沙布尔,不久又从内沙布尔逃到了加兹温。哲别和速不台两位将军步步紧逼。

　　最后,这位曾经独霸中亚的君主被迫进入海域,躲在一个秘密的岛上。蒙古军队到处搜索,都找不到他。但经过这一番折腾,摩柯末的精神已经接近崩溃,不久之后便患病死去了。摩柯末死后,身边的人连他的一件像样的衣服都找不到,最后只能用衬衣草草包裹尸体,埋葬了事。

　　同摩柯末相比,他的儿子扎兰丁是个杰出的人物。当蒙古大军袭来时,扎兰丁坚决反对父亲逃跑,而是主张领导军队抵抗。但摩柯末认为,这是以卵击石,因此不但自己不抵抗,就连扎兰丁建议由他领军防守的建议也没有听从。这样,摩柯末才带着一家人仓惶西逃。

　　摩柯末临死前,才意识到自己犯了严重的错误。他开始觉醒,将几个儿子叫到身边,废掉了太子斡思剌黑,并为没有采纳扎兰丁的建议而痛悔。因此,他认为"非扎兰丁不足以光复故国",遂命扎兰丁继承君位,并亲自将佩刀系在扎兰丁腰间,命令诸子发誓,保证今后对扎兰丁忠贞不二。

　　摩柯末死后,扎兰丁回到自己原来的封地,加紧组织军队,很快便拥有了一支10万人的大军,声势远震。

　　这时,成吉思汗正在塔里寒山麓度夏,听说扎兰丁的举动后,便派吉忽秃忽、哈勒扎等人率领3万人马前去征讨。在今阿富汗喀布尔以北不远的八鲁湾一带，蒙古军与扎兰丁的精锐遭遇，发生了历史上著名的"八鲁湾之战"。

战斗爆发后，扎兰丁指挥占据优势的部队对蒙古军发起猛烈攻击。由于孤军深入，也因众寡悬殊，蒙古军大败，死伤惨重。这也是成吉思汗在西征过程中第一次、也是唯一的一次大败仗。成吉思汗闻讯后，大为吃惊，遂决定率军亲征。

八鲁湾之战，扎兰丁获得胜利，但他很快就被一时的胜利冲昏了头脑。在花剌子模国家生死存亡的危机关头，他不是乘胜前进，扩大战果，以救国家于危难之中，反而陶醉于开祝捷大会，热衷于将战俘等折磨致死等。

国王如此，将领们自然更不像话。他们为分得战利品而互不相让，汗灭里与阿黑剌黑两位将军甚至为分得一匹骏马而大打出手。由于汗灭里是扎兰丁的舅父，扎兰丁在处理此事时自然偏袒他，结果让阿黑剌黑大为不满，气愤地率领所部4万余人离扎兰丁而去。

扎兰丁的兵力锐减了一半，士气大挫。不久，成吉思汗亲率大军昼夜兼程，赶来决战。扎兰丁无力抵抗，急忙退兵到申河。

申河即今印度河，横贯于巴基斯坦中部，水深流急，是一道天然的地理屏障。扎兰丁便企图渡河退至印度。

成吉思汗由塔里寒越过兴都库什山，视察八鲁湾战场，随后攻下巴米安城，然后疾驰驶入哥疾宁，此城不战而降。

（四）

蒙古军进展神速，很快就追上了扎兰丁，并派人到阵前挑战。这是成吉思汗第一次以优势兵力对敌作战。扎兰丁见蒙古军如暴风雨前翻滚的云层，黑压压一片涌来，深知敌我势力悬殊，不敢应战，只想尽快渡河。

　　成吉思汗挥兵南追，连夜吃掉了扎兰丁的后卫部队。扎兰丁逃至申河边，仓促转入防御，以掩护部队渡河，同时又将辎重等连夜装船，只待次日清晨渡河。

　　然而，蒙古大军已经连夜完成了对扎兰丁的包围，并于1221年11月24日凌晨发起猛攻。成吉思汗率军先冲其右翼，切断了右翼与中军的联系，右翼统帅汗灭里的士兵死伤大半，自己突围败逃，被蒙古军杀死。

　　接着，成吉思汗又出奇兵爬山越岭，解决了扎兰丁依山而守的左翼。扎兰丁的防御很快便土崩瓦解，只剩下中军约700名人马，左冲右突，不能突围，而包围圈则越来越小。

　　成吉思汗为利用扎兰丁平息各地叛乱，早已下令将其活捉，不能杀死。扎兰丁知道自己难免一死，决心破釜沉舟。他大喊一声，纵马冲突包围圈，连人带马从20多米高的陡峭山崖跳入波涛汹涌的申河。

　　成吉思汗追到河边，只见扎兰丁在河水中高擎战旗，正向对岸泅渡，不由产生了英雄惜英雄的感慨，对扎兰丁的无畏精神惊叹不已。

　　当将士们引弓搭箭，准备射死河中的扎兰丁时，成吉思汗急忙制止，并对诸子、诸将说道：

　　"犬父竟然有虎子，真让人难以置信。有这样儿子的父亲，难道不是很自豪吗？扎兰丁是你们学习的榜样，你们要学习他的决断和勇气。"

　　但是，成吉思汗不会容忍自己的对手活在人世，必欲消灭之而后快，尽管他很佩服扎兰丁，还是准备将他活捉。因此，他马上派拖雷和巴拉渡过印度河，追击扎兰丁，自己则亲率大军于1222年春沿着申河右岸北上哥疾宁。

　　拖雷和巴拉在追击扎兰丁过程中，连破必牙寨、剌火儿、木鲁坦，但始终未寻得扎兰丁的踪迹。到1222年春末，因天气炎热，蒙古士兵难以忍受亚热带气候，于是在占领了拉合尔、白沙瓦、麦里克布鲁诸州后，取道哥疾宁北返。

扎兰丁与成吉思汗虽然只正面交战过一次，但却可以称得上是成吉思汗一生中所遇到的最顽强的对手之一。此后，扎兰丁又东山再起，甚至曾称霸一时。在泗渡申河后，他收集起50多名残兵败将逃到印度的德里，在那里逐渐扩张势力，拉起一支队伍，还强迫德里城的君主招他做了驸马。

　　1224年，扎兰丁从印度回到波斯，乘蒙古军主力回国之机，夺取了波斯西部的许多地区，重建了花剌子模王国，将国都设在帖必利斯（今伊朗大不里士）。

　　1229年，窝阔台即位后，又派蒙古军开往波斯，消灭扎兰丁。扎兰丁重建了花剌子模王国后，一直野心勃勃，到处扩张，受到周边各国的仇视，因此蒙古大军一到，花剌子模国再次土崩瓦解。

　　1230年，扎兰丁逃出帖必利斯，后辗转逃到库特山区。直到1231年，他竟然被库特山区的无名猎手杀死。而此时，成吉思汗已经死去4年了。

第十六章　进军欧洲

雏鹰只有自己去飞，翅膀才会变硬；孩子只有离开爹娘，才能学会生活。

——（元）成吉思汗

（一）

1220年时，成吉思汗在听说摩柯末逃脱后，曾命哲别、速不台率精兵追歼摩柯末。有传说称，哲别、速不台在追击摩柯末到里海边时，摩柯末的船已经开航了。

蒙古军不善于用船，哲别等人想：摩柯末无非是要渡过里海，只要顺着里海海边追击，由东岸绕到南岸，再绕到西岸，一样可以截击摩柯末。

于是，哲别、速不台便率领蒙古军由马桑德兰经伊拉克，将里海之南的诸城基本平定。此时已到了冬季，天气寒冷，蒙古军便移师到水草丰美的木罕平原（在里海西南）过冬。

大约在这个时候，他们听到了摩柯末已死的消息，觉得再继续追击已毫无意义，因此派人返回去请示成吉思汗下一步的战略目标。

成吉思汗经过思考后，命令他们向北前进，去征讨钦察人。因为当初钦察人曾收容了蔑儿乞部脱黑脱阿的儿子忽都与赤剌温，成吉思汗曾要求引渡，钦察人不肯。所以，成吉思汗才决定让哲别与速不台去征讨他们。

哲别与速不台领命后，率兵向高加索山北推进，首先进攻的是乔治亚。

乔治亚即谷儿只国，也就是今天的格鲁吉亚，位于高加索山南西部，是个非常美丽的国家。这里到处都有果树、杨树、胡桃树和成林的柳树，形成了一道道绿色的屏障，屏障后面则是大片的庄稼地和菜园。

这个国家的百姓信仰不同的宗教，多数人信奉基督教，而突厥蛮和曲儿忒两部人则信仰伊斯兰教。平时，这些伊斯兰教徒常常受基督教徒的欺负，积怨很深。看到蒙古军开来后，都企图乘机报复基督教徒，因此纷纷加入到蒙古大军之中。

由于这些人熟悉地形、道路等，志愿为蒙古军承担侦察、警戒和向导任务，蒙古军便以此二部落人为先锋，一路过关斩将，迅速打到了谷儿只国的首府第比利斯。

此时，谷儿只国王是格奥尔基三世，一个年老昏聩、嗜酒好色、终日沉湎于声色犬马之中的家伙，整日不问政事。听说蒙古大军袭来时，他急忙找到他的弟弟岳治夫拿主意。

岳治夫是个足智多谋、能征善战的人。他分析了敌我双方的情况后，想到了一个办法。

几天后，蒙古的两万大军逼近了第比利斯。按惯例，哲别和速不台先派使者入城劝降。岳治夫非常客气地接待了使者，并和颜悦色地说：

"请贵使臣回去告诉你们的大将军，举国投降不是一件小事，关系重大，我们的国王需要同大臣们商议后才能答复，务必请将军耐心等待几日。"

三天后，哲别又派人来催问，岳治夫又说道：

"大臣们意见不一，多数人主张归降。但恰逢国王近日身染疾病，难以决断大事，还请你们再等待些日子。"

使者走后，岳治夫急忙催促城中军民继续加固城墙，打造兵器，储备粮食，准备死守这座久未设防的城市。

又过了几日，蒙古军仍不见城中有任何回音，哲别不耐烦了，便派人去下最后通牒：

"你们国王这是有意在拖延时日，今日若再不做出决定，明日一早我们就开始攻城，到时必杀个鸡犬不留，到时候你们可不要后悔！"

岳治夫见此时城中的防御工作已进行得差不多了，突然翻脸，冷笑道：

"本来是战是降，我们国王还犹豫不决。现在你们逼人太甚，我们就只有一条路可走了。你们要攻城就来攻吧，我们唯有奉陪到底！"

直到此时，哲别和速不台才知道中了敌人的缓兵之计，只气得暴跳如雷，当即下令大军猛烈攻城。

激烈的攻城战连续进行了三天，蒙古兵死伤近百人，第比利斯依然岿然不动。哲别和速不台无奈，只得下令退兵，率领两万人马退去。

在临走前，兵士们冲着城中大喊道：

"格奥尔基、岳治夫听着，蒙古神兵先去北伐，一年之后定会回来与你们算账！"

听说蒙古兵撤军北上了，格奥尔基欣喜若狂，说道：

"没想到蒙古人这么草包。现在好了，他们都走了，城中也就相安无事了。岳治夫，让你的士兵们都回家休息吧。"

岳治夫却说道：

"陛下可不要把事情想得太简单了，蒙古人一向狡诈，善用疑兵之计，很难捉摸，我们不能不防。"

格奥尔基不以为然，说道：

"你太多虑了。蒙古人既然已经撤兵北去，哪里还有再回来的道理？你没听他们说吗？就是再回来，也要一年以后呢。高加索山北面有那么多的国家，莫非就消灭不了他们的区区两万余人？"

岳治夫还想争辩，却见格奥尔基厌烦地挥挥手，便只得不情愿地退了出来。随后，几万人马被遣散回家，第比利斯重新成为一座不设防的城市。

数日后的一个凌晨，整个第比利斯城都静悄悄的。忽然，蒙古人不知从哪里冒了出来，开始了大规模的攻城行动。

由于士兵已经遣散，岳治夫无力抵抗，只得骑上一匹快马，趁混乱之机逃出城去，钻入深山老林之中，从此不知去向。

这一次，蒙古人几乎未伤一兵一卒，轻而易举地就占领了这座城市。由于这座城市曾经抵抗过，哲别和速不台下令，摧毁城墙等防御设施，放火烧掉城中的重要建筑，还抢走了所有的金银财宝等贵重物品。

与此同时，他们还将国王格奥尔基及其家人、近臣等200余人全部处死，再一次显示了蒙古人"抵抗必杀"的决心。

（二）

攻克第比利斯后，蒙古大军本应越过高加索山继续北上，但有人告诉他们，在西面离此地不远处，有一座十分富饶的城市。若能攻下这座城市，其中的资产财物可供大军享用数年。

哲别和速不台一听，一下子来了兴趣，于是便调转马头，率领大军挥师西进。

他们要去的这座城市名叫蔑剌合城，是波斯西北阿塞拜疆省的一个重镇。这座城市既富饶又美丽，是该地区最为漂亮繁华的城市之一。

经过侦察，哲别和速不台了解到，蔑剌合城的确十分富庶，城外水网纵横，土地肥沃，到处都是果园、蔬菜和茁壮生长的庄稼地。市区内更是人流如潮，摩肩接踵，叫买叫卖，十分热闹。

但是，这里的防卫也十分严密，护城河极宽，水深没人，城墙又高又厚，全都是由巨大的方石砌成。城头上守兵林立，戒备森严。每隔百步，便是一个高高耸立的瞭望塔。一旦有异样，城门马上关闭，大队人马立刻就会立即冲上城墙。据说，城中的守军听说蒙古军队攻下谷儿只国的第比利斯后，已做好了充分的战前准备，城头上滚木、擂石、弓弩、箭矢等应有尽有。

哲别和速不台经过研究后认为，与其硬拼是不可取的，最好还是智取，以减少远道而来的蒙古兵的伤亡。于是，两人从所带两万人马中反复挑选，挑出了30名身怀绝技、胆大心细的勇士，并确定由副将朵儿伯多黑申带领这30人，去完成一个特殊的使命。

次日清晨，朵儿伯多黑申带领这30人，打扮成皮货商、布匹商和珍宝商等客商摸样，分批混入蔑剌合城内。

进城后，他们白天走街串巷，以销售货物、兜揽生意为名，在各处勘察地形；到了夜里，则分头住在几个客栈中，等待时机。

而朵儿伯多黑申则打扮成一个巨商，坐在城衙对面的茶馆里，悠然自在地一面品茶，一面与那些前来喝茶的城内绅士们谈天说地。

不久，朵儿伯多黑申就打听清楚了，蔑剌合部的守城主将名叫巴勒耶夫，是个30多岁、身材魁梧、武艺不凡的大汉。但此人性格暴躁，刚愎自用，在城中一向是一手遮天。

守城的副将名叫胡力帖，是巴勒耶夫的内弟。他为人狡黠，工于心计，领兵打仗也很在行，算得上是个文武双全的人。但是，这个人也有个很大的缺点，就是好色成癖。

打探到这些消息后，朵儿伯多黑申便萌生了一个大胆的计划。他要到风月场所逮住这位副将，然后让他打开城门，让蒙古兵进来，这样就可以减少伤亡，成功的机会也更大。

当朵儿伯多黑申等人进城后，哲别和速不台便立即驱动大队人马，气势汹汹地压境而来。在距离蔑剌合城不到三里的城南旷野中，大军驻扎下来。

按照以往的惯例，哲别和速不台先派人到城中劝降，如果城内守军愿意投降，并拿出大量的财物犒赏大军，他们便不再以武力攻城。

但劝降使者入城见到主将巴耶列夫,并说明来意后,巴耶列夫不但不投降,还差点斩杀了使者。幸而他的副将胡力帖及时阻拦,巴耶列夫才放过使者。

使者出城衙后,首先将消息通知了扮作客商的朵儿伯多黑申,随后出城,向哲别和速不台复命。

见巴耶列夫不投降,哲别立即下令,两万蒙古大军瞬间便将蔑剌合城团团围住,并鼓噪呐喊,佯装攻城,实际在等夜间里应外合,破城而入。

这天夜里,朵儿伯多黑申跟几名随从就守在胡力帖每晚都会来留宿的一个名叫寻芳楼的地方,顺利逮住了胡力帖。

在朵儿伯多黑申及其他几个蒙古精兵的胁迫之下,胡力帖不得不打开蔑剌合城的城门,蒙古两万骑兵一拥而入。守门大军毫无防备,瞬间便溃不成军,纷纷抱头逃窜。

守门主将巴勒耶夫听说城门已破,大惊失色,急忙收罗散兵游勇,约有四五千人,准备与蒙古兵决一死战。

然而他们刚刚集合完毕,哲别已经率领大军杀气腾腾地赶到了。城衙门前宽阔的广场上,立刻展开了一场惊心动魄的血战。

到天微微放亮时,巴勒耶夫身边的士兵已所剩无几。见败局已定,巴勒耶夫伺机准备从北门逃脱。而此时,速不台恰好率兵从北门包剿过来。巴勒耶夫还想冲开大军,夺路逃命,结果被速不台一箭穿心,毙命于马下。

随后,哲别下令,命士兵分头抢掠城中宝物,金银绸缎、字画古玩,凡值钱的东西,一件不留,全部抢走。但由于城中百姓始终拼死抵抗蒙古军,哲别大怒,遂下令屠城,除了留下一些有技术的工匠之外,其余不分老幼,统统杀掉。

入夜之后,蒙古军装运着大批的财物,驱赶着牛羊牲畜,押解着少数工匠,离开了再无生灵的蔑剌合城。

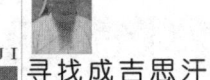

（三）

扫清高加索山南麓各地后，哲别和速不台又率兵进入西尔凡（设里汪）国。西尔凡国王剌失德倒是个识时务者，他深怕一旦战败，全国百姓跟着遭殃。因此经过一番痛苦的抉择后，他决定举国请降。

不久，剌失德亲自带领朝中大臣，来到蒙古大军中面见哲别和速不台，并献上黄金150千克，白璧10双，绢帛彩绸无数，还派遣了10名贵族作为向导，带领大军北上。

在这10位向导的带领下，哲别和速不台率大军取道西海岸，一路北上，来到了德本特山隘。这里是波斯王国为防御北方民族南侵而设立的边防重镇，希腊史学家称之为"亚历山大铁门"。若是用兵攻打，定会损失惨重。

但由于守军是西尔凡人，10名向导将国王的敕书递上后，蒙古大军顺利地通过了德本特山隘。

再往前行，大军便进入了崇山峻岭之间，蜿蜒的小道崎岖难行，有些地方甚至根本没有路，人马难以通过。哲别、速不台只好命将士们斩木寻径，凿石开路，人马一尺一尺地向前推进。一些大型的攻城器械实在难以携带，只好忍痛就地毁掉。

1222年初，哲别、速不台率领蒙古大军终于进至高加索中部的帖协克河流域，欧洲的大门被打开了，蒙古人进入了一个全新的未知世界。

虽然是个未知世界，但蒙古大军却像回到了自己的家乡一样，因为这里是捷列克河和库马河流经的广大草原地区。草原向北伸展而去，同广袤的俄罗斯大草原连成一片。大草原的西北部分，包括黑海以北的地区，即从高加索山脉和库班河流域一直到多瑙河流入黑海的河口，都是一片"灰色草原"；而东北部则是位于里海周围的低洼沼泽地，被人们称为"白色草原"。

这里的蓝天、白云、草地、羊群，以及变化无常的天气，都与蒙古草原非常相似。哲别和速不台商量后，决定让部队在这里休息一段时间，厉兵秣马，准备再战。

然而，作为入侵者，蒙古大军显然是不受欢迎的。因此驻扎下来没多久，蒙古军就遭到了当地联合部落的攻击。攻击他们的，是由阿兰、钦察、利斯金、奇日柯斯等几个国家和部落的军队组成的联军。

阿兰人又称阿速人，原为中亚游牧民族，后西迁至欧洲，逐渐与其他民族融合在一起。他们居住在高加索山区已经有几百年了，经常与当地的波斯人发生战争。

钦察人是突厥游牧部落，语言上属于突厥语系。这个部落疆域很大，占领着黑海、高加索山、里海之北的广阔草原地区。

阿兰、钦察等联军占据有利地形，又采取了一系列奇特的战术，时而集中，时而分散，进攻时聚零为整，退却时又化整为零，进退灵活，很难捕捉主力，在兵力上也占据绝对优势。而蒙古军长途跋涉，本已十分疲劳，结果几天下来，损失了不少兵力。

哲别和速不台面对这种不利于自己的形势，认真分析敌我状况，认为此战不宜强攻，也不能旷日持久，而应采取分化瓦解政策，各个击破。

于是，他们就派使者携带贵重礼品去见钦察部首领迦迪延，说道：

"我们与钦察人本来是同一部落的人，也出自同一个氏族，不能同类相残。而阿兰人才是我们的的异己。让我们缔结互不侵犯的协定吧，你们想要金子、衣服，我们都会送给你们。但是，请你们将阿兰人留给我们吧。"

当然，蒙古人并不是突厥人，蒙古使者之所以这样说，也只是为了拉拢关系，分化敌人。但蒙古人与突厥人在语言上的确属于同一语系，在生活方式上也都同属于游牧民族，因此，钦察人对蒙古使者的话也深信不疑。当夜，钦察人就拉起人马撤离了战场。

如此一来，蒙古军乘势向联军发起猛攻，大破联军，并扩大战果，攻下了北高加索许多城堡。高加索山区的不少部落相继投降，并主动派出壮丁到蒙古军中服务。

（四）

钦察人相信了蒙古人的话，认为蒙古人是自己的同族，又与自己缔结了和约，因此对蒙古大军毫无防备。但蒙古军在平定了高加索山区后，很快就移锋指向钦察人，并逐次击败许多部落，进而宣布：钦察地区是蒙古大汗成吉思汗的皇子术赤的封地，所有钦察人及该地区的各民族人，都应受术赤统治。

战败的钦察人纷纷向西逃去，蒙古大军一路追击，一直追到顿河，沿亚速海北岸西进。其中的一部分钦察人逃向匈牙利，与马扎尔人同化；另一部分则渡过多瑙河南移，进入巴尔干半岛，后来被拜占庭帝国安置在色雷斯和马其顿等地。只有钦察部首领迦迪延向俄罗斯公国逃去，前往基辅向其女婿求救。

当时的俄罗斯地盘并不大，东不过伏尔加河的支流斡迦河，河的东面便是不里阿耳人，南部则是钦察部落。

这个面积不大的国家，内部却是矛盾重重，纷争不断，并分裂成为好几个小公国。小公国的国王均称公爵，这些公爵也都是俄罗斯人鲁里克的后裔。他们的祖先最早为北欧海盗，到鲁里克时统一了第聂伯河一带的诸斯拉夫民族。随后，他们便被称为俄罗斯人。

鲁里克之后，他的儿子们分国而治，共同推举一个大公为君主。虽然大公对各国并没有实际控制权，但俄罗斯表面上仍然是一个相对统一的国家。

1169年，大公迁都至弗拉基米尔，俄罗斯大公国这个表面上的统一体变得更加松散。各个互相独立的小公国不再听大公号令，彼此争斗不息。于是，中亚草原的钦察人乘虚而入，经常侵犯俄罗斯各公国。俄罗斯公国为避免骚扰，不但经常向钦察人进贡纳献，还积极与钦察诸汗缔结婚姻，以维护彼此的和平。

钦察部首领迦迪延的女儿数年前恰好嫁给了一个小公国的公爵哈里克斯。他所以要逃往俄罗斯，也正是想利用这种姻亲关系，向女婿寻求帮助。

哈里克斯公爵见状，急忙出面邀请俄罗斯大公及其他公爵来到基辅，一同商议抗击蒙古军之事。哈里克斯也算是有头脑之人，他说：

"钦察人与俄罗斯人虽然是世仇，但大敌当前，唇亡齿寒，援救钦察其实也是在挽救自己。如果我们不出兵援助钦察，他们势必会臣服于蒙古，从而加强蒙古的力量，这对俄罗斯将是更大的危险。而且，与其坐等蒙古军入侵俄罗斯再作抵抗，倒不如迎战于钦察人境内。"

接着，他又鼓励各公爵说：

"为了保卫我们的领土，各位一定要同心协力，联合起来，在蒙古军到来之前，先发制人，主动进攻，御敌于国门之外。"

在哈里克斯的劝说之下，为各自利益争论不休的公爵们最终勉强达成了协议，同意出兵。数日后，他们组成了公国联军，离开俄罗斯，向钦察草原进攻。

1223年夏天，弗拉基米尔大公和基辅公爵哈里克斯、钦察首领迦迪延各公国部队在第聂伯河下游集结。溃散于各地钦察人听到消息后，也纷纷赶来，加入到迦迪延麾下，号称有10万大军。

哲别和速不台的任务只是向西方世界实行战略侦察，并未受命与俄罗斯人作战。事实上，当时的成吉思汗也不知道俄罗斯人的存在。所以，哲别、速不台并不打算与俄罗斯人为敌，况且他们也了解到俄罗斯人受钦察人侵略的情况。现在见敌众我寡，兵力悬殊，便灵活运用成吉思汗的思想，开始大搞外交活动，利用联军内部的矛盾，各个击破，并采取了示之以弱、骄纵敌人的作战方针。

哲别和速不台派出10名能说会道、足智多谋的使臣，分别去会见各国的公爵，对他们说：

"听说你们听信了钦察人的挑唆和蛊惑，要对我们用兵。可是你们上当了，我们对俄罗斯没有丝毫的恶意，从来没有过侵犯的意图，以后也不会侵犯你们的领土。我们到这里来，只是为了追讨抗命的钦察人，因为他们在十几年以前就曾收留和包庇蒙古人的死敌。"

然而，俄罗斯公爵不但没有听从使臣的劝说，还在迦迪延的蛊惑之下杀掉了使臣。不久，联合大军便渡过第聂伯河，首先击退了蒙古军先头部队的1000多人。

至此，速不台知道战争已经不可避免，但他还是再次派出两名使臣前去劝说：

"你们要发动战争，那就请来吧！我们蒙古军身经百战，并不害怕打仗，但需要把道理讲清楚。我们没有侵犯你们，而且也不准备侵犯你们。"

俄罗斯公爵面对蒙古使者的告诫，理屈词穷，无言以对，因此这次也没有再杀掉使臣，放他们回去了。

哲别和速不台的目的虽然没有达到，但却在一定程度上瓦解了敌人的斗志。

1998年，一块"圣旨金牌"在河北廊坊发现，正面刻着双钩汉字："天赐成吉思皇帝圣旨疾。"这段记录与《蒙鞑备录》中所记载的素金牌上的汉文完全相同。"圣旨牌"是皇帝的象征，代表皇帝，一般与圣旨同行，见圣旨牌如见皇帝，是圣旨真实的权威证明。朝廷颁发各种诏敕，包括调发军旅等，都是圣旨与"圣旨牌"一起下达的。这块圣旨牌的发现，说明成吉思汗在世时就已称"成吉思皇帝"。

第十七章　痛失哲别

国以民为本，杀了人，即使夺了地又与国何益？况且杀害无罪者，也就促使敌人增强其抵抗决心。

——（元）成吉思汗

（一）

考虑到当时敌我兵力悬殊，且蒙古军连续作战多年，敌人正在以逸待劳等情况，哲别和速不台决定不攻打俄罗斯，而是引军退却，诱敌深入，待选择有利地形再伺机而战。

于是，他们派出一部分兵力与敌人保持一定的接触，以掩护主力退至顿河以西地区集结，牵着敌人的鼻子走，将敌人拉到自己选择的决战地区。

同时，哲别还派出快马前往里海以东，请求术赤的援军前来支援。

俄罗斯联军果然上当了。哈里克斯公爵的军队首先与速不台的骑兵交手，双方激战了半个时辰后，各有伤亡。俄罗斯的军队越聚越多，且越战越勇。蒙古军渐渐支撑不住，大败溃逃。

哈里克斯大喜，号称彪悍善战的蒙古军也不过如此。他想抢得头功，因此不等弗拉基米尔大公的军队赶来，便率先跟踪追击蒙古军。

其他公国也不甘落后，紧追而来。在他们看来，这两万蒙古兵必定会被歼灭，到那时，他们也能多分一些蒙古人的战利品。

然而，联军一路追去，却总也追不上蒙古军，这些蒙古军跑起来快捷如风，一会儿就没影儿了。可当联军停下来准备休息时，蒙古军的少量游骑又会突然杀过来，挥刀乱砍一气，杀掉联军很多人，然后很快又跑得无影无踪。

联军一连追了12天，到达亚速海北方的迦勒迦河（可卡河），隔河与蒙古兵对峙。当时，河东面的蒙古军只有两万左右，而西面的俄罗斯联军有8万，另外还有两万在主力之南沿河构筑工事。

这时已到冬季，伏尔加河上已经封冻。不久，术赤便率领两万援军飞驰而来。哲别、速不台大喜，遂决定兵分两路：一路由哲别和术赤率领，渡过顿河列阵以待；另一路由速不台率领，沿亚速海东南到黑海，迂回北上，对俄罗斯联军形成钳形包围。

就在箭在弦上、势在必发的时候，哲别又派出一名使臣到俄罗斯联军中，对联军首领说：

"我们已经对天发誓，决不相犯，请勿用兵。"

然而，哈里克斯公爵十分骄横地对使臣说道：

"现在你们害怕了是吗？晚了！回去告诉你们的将军，后日就开战！"

哲别和速不台见非打不可，也就不再费尽心思地与俄罗斯联军讲和了。次日黎明，蒙古大军首先对钦察人发起了闪电式的猛攻。虽然哈里克斯公爵要后日开战，但蒙古大军可不会傻到等时间到了再开战。

术赤带兵切断了俄罗斯联军的后路，哲别则率领大队人马从正面冲击。蒙古将士们挥动马刀、利剑、长枪，横批斜挑，如入无人之境。战场上瞬间便倒下一片片人马尸首。

这些钦察兵都吃过蒙古大军的苦头，如今见蒙古大军依然锐不可当，哪里还敢抵挡？于是一个个丢盔卸甲，抱头鼠窜，这就更成了蒙古将士们任意射杀的靶子。

钦察首领迦迪延见自己的人顷刻间便溃不成军，顿时吓得魂飞魄

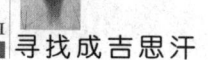

散,带领身边的数百人夺路而逃。谁知刚逃出约有半里路,迎面就被术赤拦住了。

脱不了身的迦迪延只得硬着头皮迎战术赤。但是,他现在心慌意乱,又上了年纪,虽然有些功夫,也根本不是术赤的对手。两人交手几个回合,迦迪延便被术赤一刀劈死于马下。其余人也被术赤率军全部斩杀,无一幸免。

钦察人的溃败,不仅导致俄罗斯联军右翼空虚,更严重地扰乱了军心。那些钦察人不仅纷纷溃逃,还将俄罗斯联军的队伍冲得乱七八糟。

就在这时,速不台又率领大军从北面包剿过来,蒙古大军对俄罗斯联军形成了两面夹击之势。

(二)

蒙古大军全线出击,号角齐鸣,惊天动地。俄罗斯联军腹背受敌,又受到钦察败兵的影响,人心大乱。但为了活命,他们也不得不进行拼死抵抗。

这一次,他们终于领教了蒙古人那种勇猛凶狠的拼杀精神和飙风迅雷一般的闪电战术。这些人勇往直前,全然不顾自己的生死,有的身中箭矢或受了刀伤,只要还没倒下,就会继续挥刀砍杀;有的已经落马,但仍然在持刀步战,满地滚动着砍杀敌人的马腿,一个个全是不要命的打法。

激战了三天三夜之后,俄罗斯联军已经溃不成军,被蒙古军一块块地分割包围,各个歼灭,最后终于全军覆没,生还者不足十分之一。

哈里克斯公爵只身逃出战场,蒙古军的一支部队跟踪追击。公爵屈膝求降,唯求免死。弗拉基米尔大公因出兵较迟,听到联军覆没的消息后,不战而退。

这样一来，俄罗斯南境便形成了防空地带，举国惊恐。蒙古军长驱直入俄罗斯境内，如秋风扫落叶一般，几乎没有遇到什么抵抗便一直进军到克里米亚半岛，攻陷速答黑城。

俄罗斯举国皆惊，蒙古人不可战胜的神话在到处风传。当大军来到基辅王朝的旧都诺夫哥罗德时，全城的居民竟都高举十字架出城献降。

俄罗斯的民众普遍认为，蒙古人在取得这一辉煌胜利后，必然会乘胜追击，扩大战果，俄罗斯覆灭已经成为不争的事实。

但哲别和速不台却没有继续进兵。他们认为，蒙古大军已经教训了这些公国，侦得了俄罗斯的整体实力，成吉思汗交给他们的任务已经完成，应该适时地结束战争了。

更重要的是，他们自度所带的两万人马也不足以灭亡并征服整个俄罗斯。如果大汗有此意愿，那该是以后的事情了。

于是，他们只掠取了附近的几个边境城市，随后便引兵北上，越过南俄草原，到达北方的森林地带边缘。

1223年冬，蒙古军又进兵不里阿尔（保加儿）。这是一个小国，在这里，蒙古大军成功地运用了伏击战，全歼守敌。不里阿尔只好接受城下之盟，从此成了术赤的藩属国。

随后，蒙古军又进军康里。康里人其实是钦察部落的分支，又称东部钦察，他们的子弟多在花剌子模当过雇佣军，境内的精壮男丁不多。

尽管如此，其大首领霍霍脱思汗仍然不愿意束手就擒，率领所有兵力迎击蒙古人。但他们毕竟挡不住蒙古军的凌厉攻势，一战而溃，最后只好举旗投降。

哲别、速不台以两万多士兵远征茫然未知之地，历时几年，转战万里，打胜数十场战役，征服了许多民族，夺取了无数城堡，最后又全师撤退，可谓世界军事史上的奇迹。

哲别和速不台的这次远征，虽然没有最终占领很多地区，但却为后来蒙古人的远征奠定了极好的基础。13年后，蒙古大将拔都再次西征，终于将俄罗斯、钦察等国置于蒙古人的统治之下，且统治长达两个半世纪之久。

（三）

1224年初，哲别、速不台接到成吉思汗的诏命，要他们率部返回。于是，哲别和速不台率领大军，带着数不清的战利品，从里海北岸凯旋而归。

3月的天气，风和日丽，万物复苏，到处都呈现出一派蓬勃的生机。得胜归来的蒙古大军中，每个人的心情都像这天气一样明朗。将士们一边行军，一边轻声地谈天说地，时而还会爆发出一阵阵爽朗的笑声。

只有主帅哲别一直紧锁眉头，有些闷闷不乐。这几天，他一直感到身体不适，常常心慌气短，头晕目眩。

今天刚刚上路时，哲别觉得这种不适感更加强烈。他极力稳定着自己，不想让别人看出来，免得影响将士们凯旋而归的喜悦心情。

忽然，哲别感到眼前一阵发黑，一头栽到马下。幸亏马走得并不快，地上又有一层厚厚的像毡绒一样的青草，让他的脸并没有磕破。

速不台见状，大吃一惊，急忙命令大军停止前进，然后将哲别抬到一边休息，请随军医生过来诊治。军医们诊治了一会儿，都说看不出哲别患的是什么病，只说病势来得凶猛，先吃些药看看再说。

速不台心急如焚，亲自为哲别喂药，并一直守候在他身旁，心里默默祈祷着。他这样一直守候了哲别一夜，不时地给他喂些热马奶，用冷毛巾敷在他滚烫的前额上，可哲别一直都昏迷不醒。

这天夜里，哲别离开了人世，年仅50岁。

哲别的去世，让蒙古大军的每个人都十分悲痛。速不台下令三军举哀，以蒙古人的最高礼节悼念他们的英雄。他还命人以马革裹尸，将他的老战友妥善运回，然后派快马向成吉思汗报丧。

哲别的英年早逝，是继1223年木华黎去世之后，对成吉思汗的又一次沉重打击。他悲痛至极，无以言表，只好下令，将哲别的遗体运回草原，以国礼厚葬，并派快马诏封哲别之子为千户，以承父业。

从这一刻起，成吉思汗下定了班师回草原的决心，遂命各军做好班师前的各项准备。

1223年的春夏之交，成吉思汗曾移师东印度的铁门关，准备在这里避暑驻夏。这里气候湿润，冬暖夏凉，是个很好地方。

但不知何故，部队驻扎下不久，士兵们就纷纷病倒了。他们得的是一种传染病，这种病传染极快，以至于整个部队都被传染，连舂米的士兵都没有了。成吉思汗无奈，只好下令，要求当地百姓暂时为蒙古军人舂米。

与此同时，军队中的思乡情绪也渐渐浓烈。成吉思汗很快便觉察到了这种情绪，从那时起，他也产生了撤军回草原的想法。

但是，当时河中地区还不太稳定，很多地方发生叛乱，大军不能突然撤走。况且，当时最主要的是为士兵们治病，无论如何要从死神手中抢回这些年轻蒙古士兵的生命，将他们平安带回草原去。

几个月后，疫情得到了控制，绝大多数士兵都度过了险关。这此后不久，成吉思汗便接到了哲别去世的消息，这更加让成吉思汗坚定了撤回草原的决心。

5月初，在西征5年之后，成吉思汗率领蒙古大军开始班师。1225年2月，成吉思汗带领着凯旋的将士们，终于回到了他阔别6年、日思夜想的蒙古本土。

（四）

在返回草原的途中，途径叶密河（今额敏河）时，成吉思汗欣喜地见到了忽必烈和旭烈兀这两个可爱的孙子。他还为他们举行了隆重的初猎典礼。

根据蒙古人的风俗，儿童初猎有所得，都要举行一个小型仪式。当时忽必烈11岁，旭烈兀仅9岁，二人初次出猎，忽必烈猎得一只兔子，旭烈兀猎得一头小鹿。成吉思汗大喜，用两个孙子所获的野兽的血与脂肪，亲自涂在他们的中指上，然后两个孙子分别亲吻他们所崇敬的祖父。当时的成吉思汗激动得老泪纵横。

忽必烈和旭烈兀都是拖雷的正妻唆鲁禾帖尼（脱里王汗的弟弟扎合敢不之女）所生。史载，忽必烈出生时，成吉思汗一见到他便十分喜爱，曾说：

"我们的孩子都是火红色的，这个孩子生得黑黝黝的，显然像他的舅父们（蒙古人认为孩子像舅父是吉利之相）。去告诉唆鲁禾帖尼，让她把孩子交给一个乳母去好好喂养。"

于是，唆鲁禾帖尼将忽必烈送到乃蛮部，交给一个名叫萨鲁黑的乳母喂养。乳母非常尽心，忽必烈一生都十分敬重她。

唆鲁禾帖尼共生了4个儿子，分别是：蒙哥、忽必烈、旭烈兀和阿里不哥。她聪明贤达，顾全大局，善于教育子女，对孩子们要求都很严格。

拖雷去世后，唆鲁禾帖尼亲手为蒙古帝国培育出两位杰出的大汗：蒙哥汗和忽必烈汗。而旭烈兀则是蒙古第三次西征时的统帅，伊尔汗国的开创者。阿里不哥虽然在汗位争夺过程中失败了，但毕竟也是对历史产生过重大影响的叱咤风云的人物。

成吉思汗在凯旋途中得以见到两位孙子，心情是悲喜交加的。喜的是眼前两位孙子聪明英武，前途无量；悲的另一个爱孙蔑忒干（察合台的长子）在平定花剌子模的战斗中中箭身亡了。

史载，当时成吉思汗不许部下将爱孙的死讯告诉察合台。过了一段时间，成吉思汗才将察合台召来，故意发怒说：

"你们都不听我的话！"

察合台急忙跪地，说道：

"如果我对父汗的话有所违背，就让我去死！"

成吉思汗再三追问：

"你真的可以按照我的话去做吗？"

察合台一再发誓保证，成吉思汗才将蔑忒干的死讯告诉察合台，并说道：

"我命令你不许哭！"

察合台不敢违抗父命，强忍眼泪，照常饮食起居，后来才借故独自跑到野外大哭一次。

从这件事可以看出，成吉思汗对爱子、爱孙都怀有深深的情感，以及他所具备的极强的自制能力。

第十八章　再征西夏

美人和名马，谁都喜爱。然而只醉心于这些，那就要身败名裂。

——（元）成吉思汗

（一）

1225年春，成吉思汗结束了震惊世界的西征，凯旋回到和林。不久，他便在博尔术、耶律楚材等人的建议下，下诏将新征服的土地分封给三位皇子术赤、察合台和窝阔台，以加强对那些地区的管理和统治，而蒙古本土则归四皇子拖雷。

早在西征攻下河中地区后，成吉思汗便命术赤前往进攻花剌子模的旧都玉龙杰赤，并将此地封给术赤。此后，哲别和速不台二将越过高加索山脉，击退钦察和俄罗斯联军，进出入伏尔加河流域，并要求术赤自里海北岸向西推进增援。而成吉思汗又将钦察等地封赐给术赤。

成吉思汗在班师回草原之前，曾诏长子术赤留镇钦察。此时术赤正在患病，成吉思汗十分关心，曾询问一个从钦察来的蒙古人。而此人竟说术赤根本没病，临行前他还看到术赤在打猎。成吉思汗有些生气，怪术赤不肯听自己的话。

谁知不久后，成吉思汗就接到了术赤病死的消息。术赤一直都被自己出生之谜的阴影所笼罩，可以说影响了他一生的命运。虽说成吉思汗一直很庇护他，但兄弟们的歧视和众人的怀疑给造谣者留下了空子，因而也就有了装病之诬。

术赤最终死在了远离故乡和亲人的钦察草原，连准确的逝世日期都没有。成吉思汗得知术赤的死讯后，大为悲痛，悔恨之余，下令处死诬告者，但诬告者此时早已逃走。

现在，术赤已经病故了，成吉思汗在封地时，便让术赤的独生子拔都嗣父位，封地如故。

这个封地的疆域，包括额尔齐斯河以西，咸海、里海以北的广大地区。由于大部分区域原为钦察故地，因此又称钦察汗国。

八九年后，拔都统率诸王之子再次西征，其疆域也进一步扩大，东起额尔齐斯河，西至多瑙河，南起高加索山脉，北至俄罗斯以北，建都于萨业城。这个钦察汗国一直持续到1502年，俄罗斯各个公国在它的统治之下长达200多年。

成吉思汗封给次子察合台的封地称为察合台汗国，领有西辽旧地，包括天山南北及阿姆河、锡尔河之间的地区，最早建都于阿里麻里。

封给三子窝阔台的封地称为窝阔台汗国，其疆域包括额尔齐斯河上游和巴尔喀什湖以东地区，建都于叶密立。

四子拖雷的封地，则是蒙古本土和中原广大地区。

此后，成吉思汗的孙子、拖雷之子旭烈兀通过西征，在波斯地区又建立了一个汗国，称为波斯汗国，又称伊尔汗国。其疆域东起阿姆河，西至地中海小亚细亚，北与钦察汗国相连，南抵印度洋、阿拉伯海，建都于大不里士。当然，这都是以后的事情了。

成吉思汗建立的四大汗国最初都是蒙古帝国的一部分。由于这些地区并没有长期统一的条件，如共同的经济、文化、政治基础等，加以汗位争夺和家族派系的斗争，所以在忽必烈即位后，逐渐形成了事实上的各自独立局面。

但是，各个汗国都承认忽必烈及他以后的元朝皇帝是蒙古各个汗国的大汗，是各国的共同主人。各汗国的君主有权处理本国的大事，但都须向元朝皇帝奏报。而各个汗国的汗位继承也要得到元朝皇帝的认可。

成吉思汗的西征将广大欧亚地区统一在了一个庞大的国家之内，平息了这些国家和地区之间长期的战乱，在一个相当长的历史阶段保持着和平与安宁，对于中国和世界历史的发展都有着重大的影响。这个国家的存在，为东西方经济、文化发展及贸易交流开辟了通途。一直以来阻碍东西方交流的壁垒被铲平了，各国的经济文化交流也空前繁荣起来。

东西方贸易的发展，也给欧洲落后的城市带来了繁荣，使它们转向商贸生产。这些城市从此也冲破了封建制度，从中世纪的枷锁当中解放出来，走向了自治和独立。

由此可见，强大的蒙古帝国的建立，其世界性的意义是十分巨大的。

（二）

1226年2月，在西征归来不到一年后，成吉思汗决定再次对蒙古的附庸国西夏进行征讨，而且要进行一次彻底的毁灭性打击。

早在蒙古大军进兵金国之前，为解除后顾之忧，成吉思汗曾于1205年和1209年两次征讨西夏。第一次是试探性的进攻，第二次便长驱直入，径直攻打至其国都中兴府，大兵围困，决黄河之水灌城。

西夏国李安全眼看城不能保，只好率部投降，将自己的女儿察合公主献给成吉思汗，并立下城下之盟，同意年年纳贡。

数年后，国王李安全被废而死，神宗李遵顼即位，朝中的反蒙势力增强，内部斗争加剧，并开始对作为蒙古的附庸国地位而不满。

当时，成吉思汗正忙于征讨金国，对西夏的变化虽有察觉，但未加理睬。直到1227年，成吉思汗准备西征之前，曾派使者前往西夏，要求西夏出兵援助。

按照当年定立的城下之盟，作为附庸国的西夏，在蒙古国需要的时候，是应该出兵相助的。但此次西夏不仅不出兵，其大臣阿沙敢不还出言不逊，结果让成吉思汗怒火中烧，遂命木华黎在南下征金的同时进兵西夏。

木华黎率领大军长驱直入，直捣西夏首都，夏神宗仓惶出逃，不久再次派人向成吉思汗乞降。

数年后，夏神宗将王位传给次子李德旺，称献宗。李德旺改变了其父的降蒙政策，准备乘成吉思汗西征之机，联合金国，反抗蒙古。1224年，西夏与金国达成协议，称"兄弟之国"，并派人前往漠北进行活动。

西夏人的做法当然逃不过成吉思汗的眼睛，此时正值木华黎去世，成吉思汗便命继任的孛鲁伺机再征讨西夏。

孛鲁与大将刘黑马率领大军攻入西夏，西夏无力抵抗，只好再次请降。在这种情况下，孛鲁奉命撤军。

西夏人屡降屡叛的行为让成吉思汗十分鄙视，也非常恼火。而其君臣又敢当着蒙古使臣的面奚落嘲讽自己，这更让他耿耿于怀。但西征一去就是7年，成吉思汗无暇东顾，只好略施惩罚，投降便可。

现在，西征已经结束，将士们也休整了很长时间，弓劲马肥，士气高涨，该是收拾西夏的时候了。

在出征前，成吉思汗对大臣们说道：

"西夏出尔反尔，反复无常，是条癞皮狗。你拿起棍子，它就摇尾乞怜；放下棍子，它又呲牙咧嘴。大蒙古国的卧榻之侧，不能留下这条随时可能伤人的恶狗。这一次，朕决定打死这条令人心烦的癞皮狗，灭掉西夏，你们以为如何？"

大蒙古国的文臣武将对西夏的伎俩早已厌烦，因此纷纷说道：

"这个厚颜无耻的小国,早就该消灭了。这是天欲亡之,也是他们自取其亡。"

于是,1226年初春,成吉思汗不顾自己65岁的高龄,亲率10万大军,以三子窝阔台、四子拖雷随征,次子察合台为后援,开始了对西夏毁灭性的最后一次进攻。

(三)

蒙古大军出征这一天,天气晴朗,红日高照。65岁的蒙古大汗成吉思汗铠甲鲜亮,外罩一袭裘皮长袍,骑在一匹高大雄健的枣红马上,显得威风凛凛,精神矍铄。

在成吉思汗的身旁,是由他选定的,这次伴驾随征的也遂皇后。此时的也遂皇后还不到50岁,面色红润,肌肤细腻,显得年轻而漂亮,在一副合身的金盔锁子甲映衬下,显得英姿飒爽。

一阵嘹亮的号角声后,队伍正准备出发,忽然人们听到一阵急促的马蹄声传来,接着便听到有人大喊道:

"大汗,等等老臣——"

来的人正是一身戎装的老将军速不台。

在西征中,速不台建立了卓越的功勋。归来后,他又将一匹西域战马献给成吉思汗。成吉思汗念他转战万里,功勋卓著,特赐他一年假期,让他回家与亲人好好团聚。

因此,此次征伐西夏,成吉思汗便有意没告诉速不台,这也是成吉思汗对他们这班老臣的真心呵护。木华黎走了,哲别走了,他们都是为了大蒙古国的大业在战场上逝去的。剩下的几位老将,成吉思汗视他们为自己的命根子一样,无论如何都不能让他们再有三长两短。

速不台从马上跳下来,急匆匆来到成吉思汗面前,问道:

"大汗欲征讨西夏，为何不让老臣同去？莫非是嫌弃老臣老了，上阵不能挽弓挥戈了吗？"

成吉思汗见速不台一脸的委屈和不满，忙说道：

"朕知道，将军宝刀不老，但杀鸡焉用牛刀呢？这次征讨西夏，就让这些年轻人去试试锋芒吧。你与博尔术、忽必来、者勒蔑这些老将军，就在家给朕稳稳地守住后院。"

"大汗，"速不台突然直挺挺地跪在成吉思汗面前，"您以万乘之尊，千金之体，却身冒险境，亲临沙场。臣乃一介武夫，岂能苟安偷生？无论如何，还请大汗允许老臣随驾出征。"

成吉思汗心中一酸，面对自己同生共死几十年的兄弟的一片忠心赤胆，怎能出口拒绝呢？

"好吧，朕就允你同去，但那些冲锋陷阵的事你就不要去了，只随在朕的身边谋划军事吧。"

"是，老臣领旨。"

速不台高兴地咧着大嘴笑了，眼中却是泪光闪闪。这些年，在艰难险恶的战场上，他一刻都离不开大汗，竟然有些像孩子离不开父亲一样。现在，他再一次如愿以偿了。

10万大军浩浩荡荡地向西夏挺进。这一次，成吉思汗没有从北路和东路进攻，而是避实就虚，绕道西线。因为一直以来，西夏都以蒙古和金、宋为假想敌，东、北方向的防御设施十分牢固，而西线的防御却相对弱一些。

进入西夏境内不久，蒙古大军便来到了一个名叫阿尔不合的地方。这里是一片丘陵地带，既有许多丛林密集的山包，又有一片片空旷平衍的川地，荒草离离，深可没膝，野马健鹿和各种禽兽出没其间，是一个绝佳的天然猎场。

成吉思汗命大军在这里暂停前进，进行一天的围猎活动。蒙古骑兵个个都是射猎高手，大汗一声令下，一个个都搭弓射箭，各显身手。

按照以往的习惯，成吉思汗的怯薛卫队包围了一个山包，四周围得严严实实，只留下一个缺口，而成吉思汗就立在这个缺口。当野兽们从这里逃逸时，大汗就可以尽享猎取之乐。

一时间，蒙古大军的号角齐鸣，战鼓震天，无数战骑从四面八方包抄过来，圈子越来越小，马蹄腾起的烟尘弥漫了整个山岗。

许多山林中的野兽受到惊吓，都纷纷四处逃逸，后面跑得慢的，早已被射伤或射毙。

在密林的深处有一群野马，大约有三四百匹，受到惊吓后，立即扬起四蹄，发疯一般地向外冲去。

包围圈的东面、北面和南面都是密集的射猎士兵，野马突不出去，于是就纷纷掉头向成吉思汗所在的西面缺口处奔逃过来。

成吉思汗大喜，立刻挽弓搭箭，向一匹头马瞄准，准备射向这匹健壮的野马。

然而，面对死亡威胁的野马却以极其快捷的速度，如同一股势不可挡的洪流，转眼就冲到了成吉思汗的眼前。

成吉思汗的枣红色坐骑虽然久经沙场，但却不曾见过这种阵势，一时受惊，突然昂首嘶鸣，前蹄高高扬起，接着又前后颠簸着狂跳起来。

成吉思汗此时正在马上专心致志地准备射猎，根本没想到马会受惊，结果一下子被摔到了马下……

据说，成吉思汗的遗体被运回故土后，下葬到为其赶造好的陵墓中。葬后，又出动上万马匹来回奔跑，将墓地踏平，然后植木为林，并以一棵独立的树作为墓碑。为便于日后成吉思汗的亲人能找到墓地，负责埋葬的将领在坟上杀死了一只驼羔，将血撒在其上，并派骑兵守墓。等到第二年春天小草长出后，墓地与其他地方无异时，守墓的士兵才撤走。亲人若想祭拜成吉思汗，就让当时被杀驼羔的母驼作为向导。骆驼有辨识自己血亲的天性，其驻足悲鸣的地方就是大汗的墓地。

第十九章　版图剧增

　　如果隶属于国君的许多后裔们的权贵、勇士和那颜们都不严遵法令，国事就将动摇和停顿。

　　　　　　　　　　　　——（元）成吉思汗

（一）

　　从马背上跌下来的成吉思汗可摔得不轻。他几乎是平身而起，然后重重地跌到地下，而此处又是坚硬的山石地，此时的成吉思汗毕竟已经是65岁的老人了。

　　成吉思汗试图站起来，但努力了几次都没成功。这时，老将军速不台和侄子移相哥等人急忙冲过来，将大汗扶起，搀进中军大帐。

　　也遂皇后一见成吉思汗摔到了，非常焦急，急忙关切地问：

　　"大汗，您感觉如何？很疼是吗？"

　　"不碍事，皮肉之苦罢了。"成吉思汗不以为然地说。

　　随后，他看了看速不台，说道：

　　"你去传令三军，就地宿营，待朕的伤势好些后再定行止。"

　　第二天，也遂皇后奉成吉思汗之命，召集各位将领商议征讨西夏之事，大家都觉得，讨伐西夏何时进行都可以，而大汗现在受了伤，应该先返回蒙古，待大汗的伤好后，再来攻打。

当也遂皇后将大家的意见奏知成吉思汗后，成吉思汗却不同意。随后，他在病床上召集了几位主要将领，说道：

"大军已经出动，西夏人已经知道朕来征讨。如今尚未交手便撤军，岂不是让西夏耻笑，认为朕怕了他们？朕就住在这里养病，先派使臣去中兴府，看看他们君臣如何回话，然后再做定夺。"

次日，蒙古使者骑马前往中兴府，西夏王献宗在王宫中接见了他。使者代表成吉思汗怒斥献宗道：

"你过去曾说过，要做我们大汗的左右手，但大汗在西征时要调度军马，你们不仅不肯出兵助战，还说一些风凉话嘲讽大汗。现在西征已经结束，大汗特派我来向你们问个究竟，你们究竟打算怎么办？"

见蒙古使者声色俱厉，献宗自知理亏，战战兢兢地说道：

"请贵使臣回禀大汗，那些嘲讽大汗的话不是我说的……"

"是我说的！"献宗的话还没说完，西夏将领阿沙敢不便挺身而出，"你回去告诉成吉思汗，要想打仗，我奉陪，请到贺兰山来战；如果你们想要金银财宝，就请自己到我们西凉来取吧。"

既然已经这样说了，使者自然也无话可说。回来后，使者将此次出使的情况向成吉思汗详细地汇报了一遍。成吉思汗怒不可遏，恶狠狠地说道：

"西夏人口出狂言，竟敢说出如此大话！那就让朕来灭掉这个小国，让这个国家从此不复存在！"

接着，成吉思汗带伤与众位将领研究全面进攻西夏的战略。

当时，西夏军的主力大多数都部署在贺兰山以东的地区，而西线的防御比较薄弱，因此成吉思汗主张，先采取分散的打法，继而歼灭敌人的主力，最后再攻克西夏首都中兴府。

根据这一战略部署，成吉思汗将部队分为两路，自己亲自率领一路，由窝阔台担任指挥，进入西夏北境，分掠各城，然后进逼贺兰山。另一路由年轻的将领护都帖木儿和西夏人昔里钤部率领，从西线出兵沙州。

不久，对西夏进行的大规模进攻开始了，成吉思汗忍着伤痛，亲自率领东路军横扫西夏北境。

战事进行得很顺利，蒙古将士内心都憋着一口气，个个以一当十，勇猛善战，如同秋风扫落叶一般连克北境的各边堡要塞。

随后，大军又在拖雷的率领下，用了一天一夜的时间，强攻下西夏的北方重镇黑水城，从而占据了向南部长驱直入的桥头堡。

接着，大军又马不停蹄，直抵贺兰山区。这里，驻扎着西夏的重兵。

（二）

大军来到贺兰山区后，将阿沙敢不据守的城堡团团围住。此时，成吉思汗的伤势已经有所好转，他顶盔贯甲，威风凛凛地跨在战马上，围着城堡转了一圈。

阿沙敢不虽然嘴上厉害，但看到蒙古大军气势汹汹，压境而来，吓得缩在城里不敢出来。他自知小城难守，只好在夜间派出几股人马出城去搬援兵。

对城中出来的每股人马，成吉思汗虽然命人射杀，但总会放几个人逃出去。他想通过这些人将分散于贺兰山区各地的主力军引出来，然后聚而歼之。

战事的进展正如成吉思汗所预料的那样，四天之后，第一支援军近1万人进入了移相哥的埋伏圈，被移相哥一举歼灭。

随后，从拔都、拖雷和窝阔台处也纷纷传来捷报，各地前来救援阿沙敢不的夏军都纷纷中伏，先后被歼3万余人。

估计驻扎在贺兰山区的西夏人马已被解决得差不多了，成吉思汗下令，将四路伏兵全部调回来，开始合力攻城。

155

眼看破城在即，阿沙敢不心惊胆战。他知道成吉思汗是不会放过自己的，如今也只能拼死一战了。

于是，他集中起全城守军8000余人，突然打开城门，倾巢而出，企图杀出一条血路，侥幸逃脱。

然而，对阿沙敢不的这种困兽之斗，蒙古大军早有准备。西夏军一出城，迎接他们的就是急雨一般的排箭，无数士卒中箭落马，其他人也四处奔逃。

阿沙敢不在几名侍卫的保护下，仍在拼命外冲。移相哥首先发现了阿沙敢不，他立即拉开强弓，"嗖——"的一声，一箭射了出去。

这一箭用的力量很大，竟然一下射穿了阿沙敢不的喉咙。阿沙敢不吭也没吭一声，便落马身亡。

主帅死了，其他人也纷纷放下武器，向蒙古军投降。

就这样，蒙古大军又浩浩荡荡地开进城堡，将城中的财物、牲畜、粮食及百姓等全部掠走。

随后，蒙古大军继续西进，来到西夏的浑垂山。成吉思汗下令，全军在这里驻夏休整。

而此时，由忽都帖木儿和昔里钤部指挥的西线战事还在紧张地进行着。

这一路大军首先抵达了沙州（今甘肃敦煌以北），沙州守将拼死抵抗，但最终也不能抵挡住勇猛的蒙古大军。十几天后，忽都帖木儿和昔里钤部的率领蒙古铁骑终于攻开了沙州城的大门。

随后，忽都帖木儿和昔里钤部又率领大军，马不停蹄地向下一个目标肃州（今甘肃酒泉）挺进。

几天后正好是中秋节，蒙古军便假扮成装运酒食的兵卒，混入肃州城内，以给城中将士送酒犒赏为名，打开城门，令蒙古大军冲入城内。在蒙古大军的猛攻之下，肃州城内的西夏守军顷刻之间便被消灭。守将主帅李遵璘抵抗不住，最后自刎身亡。

连克沙州、肃州两座重镇之后，蒙古大军士气倍增，军威大振。在忽都帖木儿和昔里钤部的率领之下，大军继续东进南下。不久，他们便与成吉思汗所率领的主力军在浑垂山一带会师了。两军合一，声势更加浩大。

9月，正值秋高气爽，草丰马肥，是蒙古人用兵的最佳季节。下一个攻取的目标，便是甘州城。这也是西夏国内除了首都中兴府之外的最大的一座城市，守将众多。守城的主帅是曲也怯律，此人有勇有谋，是西夏国内少数几个资深望重的老将军之一。

成吉思汗先派自己的御帐前首千户察罕到甘州城内劝降，老将军曲也怯律虽然不愿投降，但为保全城中百姓姓名，经过慎重考虑，还是决定次日开城献降。

然而就在这天夜里，曲也怯律的副将阿绰等36人合谋，于深夜冲入曲也怯律的住宅，将其杀死，然后夺取兵权，誓死守城。

成吉思汗大怒，遂下令立即攻城。10万大军如同蜂拥蚁聚，密密麻麻地向城头攀登攻击，无数抛石机将大大小小的石块抛入城中，一辆辆撞城车载着巨大的圆木，一刻不停地撞击着城门。

激战进行了仅仅两个小时，甘州城便被攻破了，蒙古大军又势不可挡地占领了甘州。

接下来的几个月，蒙古大军势如破竹，一连攻克了西凉府、河罗、应里、夏州等城，几乎遍掠西夏境内所有重镇，一路横扫，所向披靡。

随后，成吉思汗又指挥大军越过沙漠，来到了黄河九渡。

面对滚滚浩瀚的黄河水，成吉思汗凝视良久，然后翻身下马，走到水边，捧起一捧河水，高举过顶，再将它洒向空中，大声喊道：

"谁统治得好，谁就能长久地统治下去。"

这是一句阿拉伯的格言，成吉思汗之所以在这个时候说起这句话，身边的耶律楚材是十分清楚的，他在一旁说道：

"黄河作证，用不了多久，这里将全部纳入大蒙古国的版图，而且会世世代代永远属于蒙古。"

成吉思汗听了耶律楚材的话,不禁大笑起来。

（三）

1226年11月,蒙古大军包围了灵州,已经逼近了中兴府。

灵州是中兴府外围所剩下的唯一藩篱。不久之前,献宗李德旺在惊惧中死去,李德旺之侄李睍即位。见蒙古大军来势汹汹,李睍急忙派大将嵬名令公率领5万大军前往抵御,以做最后的挣扎。

时值隆冬,黄河水面已经全部结冰,嵬名令公便率西夏大军沿河冰疾驰而至。

成吉思汗知道,这已经是西夏境内剩下的唯一一支能战之师了。如果能够将这支部队歼灭,西夏就再无抵抗之力了。

于是,他下令集中优势兵力,分头埋伏在黄河两侧,待敌人从冰上驰近时,专门射其腿脚。

西夏将兵渐渐走入蒙古兵的埋伏圈。随着一声炮响,蒙古军万箭齐发,箭矢顺着冰面流射,远而有力。大批西夏官兵应弦而倒,尸体瞬间便堆积如山。整个河面空荡荡的毫无遮掩,西夏兵无处躲藏,只能迎着箭雨向前硬冲。一批倒下,另一批又涌上来,简直就像排着队为蒙古人做箭靶子一样。

嵬名令公见势头不对,急忙指挥一支人马向后退去,却不料后路已经被蒙古军截断。四面八方全都是蒙古大军,喊杀之声响彻云端:

"西夏的弟兄们,想活命的就赶快投降,抵抗下去只有死路一条!"

听了蒙古大军的喊声,许多西夏士兵仍下了手中的武器,一片片地跪着冰冷的河面上,举手投降。

主帅嵬名令公曾被蒙古人俘虏过,后来被成吉思汗释放了。他知道,投降可以保住性命,但他实在无颜再做蒙古的俘虏。于是,他将长剑横在颈部，自刎而死。

最后一场大战结束了，5万西夏援军被全部歼灭。两天后，灵州陷落，蒙古军迅速挺进中兴府，将其围得水泄不通。

转眼便到了1227年正月。这时，成吉思汗和他的将士们都已清楚地看到，山穷水尽的西夏已经完了，摆在他们面前的只有两条路：或战败身死，或投降亡国。

西夏大局已定，成吉思汗便决定趁机渡过黄河，去攻打积石州等城池，那里当时已是金国的领土。

于是，成吉思汗仅留下少数部队围攻中兴府，由移相哥指挥，自己则率领主力大军南下。

成吉思汗率军渡河南下后，数月之间，便接连攻克了金国城池堡寨十余座。

这年的闰五月，天气开始变得炎热起来，成吉思汗感到身体十分不适，便决定在六盘山驻扎下来，休兵消夏。

自从去年围猎受伤回来，成吉思汗的身体状况一直不太好。但为了征服西夏，他不顾伤势，依然辗转各地指挥作战。流动作战的艰辛，潮湿多变的气候，让成吉思汗的病体始终未能痊愈，他常常感到浑身酸疼，疲乏无力。

以往的一些疼痛都是皮肉之苦，成吉思汗都不放在心上，但这次的不适与以往都不同。他经常发烧，忽冷忽热，有时甚至精神恍惚。随军御医轮流为他诊视，也吃了不少药，但病情始终不见好转。

第二十章　魂归草原

天下地土宽广，河水众多，你们尽可以各自去扩大营盘，征服邦国。

——（元）成吉思汗

（一）

时间很快就到了6月，成吉思汗的病情也日渐严重，几乎每天都在发烧。也遂皇后和幼子拖雷时刻都守候在他身旁，亲自照顾他的饮食起居。

一天，也遂皇后流着眼泪对成吉思汗说道：

"大汗，我们回草原吧。西夏就要灭亡了，让其他将士留在这里就行了，您应该回草原好好养病。"

成吉思汗明白也遂皇后的意思，他笑着说：

"在这次出征之前，大皇后也劝我不要御驾亲征。她担心我年事已高，一旦有意外，就可能回不到草原上去了。你也是这个意思吧？"

一句话，引得也遂皇后泪流满面，一旁的拖雷也禁不住哽咽起来。成吉思汗却依然笑着说：

"其实，朕是不愿意死在家里，就像战马不能死在槽枥间，雄鹰不能死在窝巢里一样。朕是为了名声和荣誉走出来的，英雄的生命应该结束在战场上。"

到了7月，成吉思汗病势愈重。他自知寿命将尽，便开始着手安排自己的后事。这时，窝阔台和拖雷都在身边，而次子察合台却远在后方。成吉思汗命人快马宣诏，让察合台昼夜兼程，赶至六盘山的蒙古大军驻夏之地。

待三个儿子都到齐后，成吉思汗又命人请来了耶律楚材和老将军速不台。

他躺在床上，面带微笑，从容地对三个儿子说道：

"朕的病势沉重，医治乏术，恐怕不久于人世了。赖天之助，朕已经为你们建立了一个广大的帝国，自国之中央达于四方边极之地，皆有一年的行程。设汝等欲保其不致瓦解，就需要同心御敌，一心一意为你们的亲人、朋友和民众增加富贵。在你们兄弟当中，应由一人继承大位，也只能由一人继承大位，这便是汉人常说的'国无二主，天无二日'的道理。虽然几年前，朕已经在汗廷中宣布了以窝阔台为皇储，但朕今日要重申一遍，待朕死后，汝等皆应奉窝阔台为蒙古国大汗……"

"父汗，"三个儿子听完成吉思汗的话，都不禁失声痛哭，"您不会死的，大蒙古国离不开您，天下臣民离不开您……"

"好了，不要哭。人生在世，没有长生不死的，死是我们每一个人的归宿。不过，最近几日，朕倒是悟出了一个道理，只有一个办法，可以让朕长生不死。"

语出惊人，三个儿子急忙齐声问道：

"是什么办法？"

成吉思汗笑了笑，缓缓说道：

"这个办法就是：你们兄弟同心同德，共保我大蒙古帝国江山永固，稳如磐石，那就是朕的生命得到了延续。若是你们的子孙后代都能永远保住朕打下的这片江山和黄金家族的这个帝位，传之千秋万代，那就是朕的生命之火永远不熄，从而得以长生不老了。"

身旁的耶律楚材听罢，不禁含泪说道：

"大汗识穷世间万事万物，博大深邃。从这个意义上讲，人的确是可以永生的。"

"孩子们，不要每个人都争抢着想做大汗。现在，当着耶律楚材先生和老将军速不台的面，你们向长生天起誓吧。"

（二）

在父汗的要求之下，察合台和拖雷急忙跪倒在地，向长生天和父汗磕头宣誓，保证在父汗百年之后，一定拥戴窝阔台继承汗位，并忠心辅佐，直到永远。窝阔台也跪地立誓，他年若继承大位，绝不违背父汗的遗命，一定要善待自己的兄弟子侄、各宗亲王及朝廷众臣，兄弟同心，君臣戮力，共保父汗开创的大蒙古国永远繁荣强大。

成吉思汗满意地点点头，让耶律楚材将他们的誓言分别记录在案，随后他又说道：

"朕这一生，事父母以孝，待诸弟以友，教子女以严慈，对朋友极尽仁义，虽登汗位40余年，但从未杀戮过一个功臣。在这一点上，自信比历代汉人帝王做得还好些。朕毕生征战，灭国数十，四境粗定，若论文治不敢言善，若论武功，则堪称前无古人。如今66岁归天，今生也算足矣。"

说完，他环视了一下众人，忽然话锋一转，又说道：

"若说遗憾，唯有一点，跟木华黎国王一样，恐怕不能亲眼看到彻底灭亡我们的世仇金国了。"

耶律楚材见状，忙安慰道：

"大汗，我伐金大军攻势正盛，金国已经气若游丝，很快您就能看到金国灭亡了。"

成吉思汗苦笑道：

"金国毕竟是个大国，百足之虫，死而不僵。对亡金大计，你等万不可掉以轻心。你们要切记，朕升天之后，蒙古国的当务之急就是要灭掉金国。如今，金国集中了数十万兵力屯驻于潼关附近，南据连山，北限大河，占据山河之险，地处要冲。我蒙古大军若只从正面进攻，一段时间内难以灭掉金国。

"要想尽快消灭金国，必须实行大迂回、大包抄，联宋灭金的大纵深战法。北宋亡于金，好不容易在江南建起南宋小朝廷，却又备受金国欺凌。现在金国被我大军打到黄河以南，丧师失地，便不断侵扰南宋。金、宋世仇，又结新怨，这种仇恨永不能化解。我们若提出联合南宋灭金，假道于宋，宋必能许我。到那时，我大军绕道宋境，下兵唐、邓，进行大规模迂回包抄后，直捣金国国都。

"金国危亡之际，必定会征调潼关的重兵回救。然而数万之众，千里救援，人马疲弊，即使勉强赶到，也难以力战。到那时，恐怕金国国都就已经在我们手里了。

"至于灭金之后，如何处理南宋，你们自然明白，由你等或朕的子孙们去定夺吧，朕现在就不多说了。"

听成吉思汗说完这灭金大计，耶律楚材等人心中不禁波涛翻滚。一位病势濒危的老人，即将离开人世之时，还在为大蒙古国勾画着一幅未来的雄伟而又壮观的蓝图，这样的大智慧、大气魄，在当今世上，除了他们的大汗，恐怕不会再有第二个人了。

成吉思汗说完，感觉很疲乏，需要休息，耶律楚材等人暂行告退。

又过了几天，重病之中的成吉思汗突然得到了一个令他倍感欣慰的好消息：西夏末王李睍已经请求举国投降。

成吉思汗很高兴，这个屡降屡叛的国家，终于在他活着的时候宣告灭亡了。

（三）

几天后，西夏末王李睍带着家眷前来投降，并献上九尊金佛及大量的金银财宝等。

这天，成吉思汗让下人为他精心地梳理了头发、长须，穿上一件崭新的蒙古汗服，坐在他那高高的软榻上，打起精神，准备接受西夏末王的投降。

晋谒时，成吉思汗让李睍在帐门外行礼，不得进帐。李睍从命，在帐外三拜九叩，山呼舞拜，大声说道：

"罪臣李睍叩见大汗，恭祝大汗万岁万岁万万岁。"

这时，成吉思汗突然感到一阵头晕恶心，不知是因为病情所致，还是因为看到了西夏末王那副谦卑猥琐的样子。

但他还是勉强让自己镇定下来，尽量简短地说道：

"自今日起，朕封你为'失都儿忽'（意为顺从的汗），你且退下吧。"

李睍一阵大喜，他本来以为成吉思汗会杀了他，来之前一直都是战战兢兢。现在大汗不但没有杀他，还封赐了自己，因此他急忙又磕头道：

"罪臣李睍多谢大汗不杀之恩。罪臣一家愿世代做大汗最忠诚的奴仆，永不叛逆。"

说完，他慌忙起身，弓着身子退了出去。

成吉思汗本来是不想杀李睍的，但李睍最后这句话却引起了成吉思汗的杀心。这些言而无信的西夏人，口是心非，蒙古人已经领教过多次了。嘴里说着永不叛逆，但一有风吹草动，他们马上就会叛离而去。现在，自己已经走到了生命尽头，如果哪一天他们又背叛作乱，这里便又要战乱重启，烽火连天了。

因此，成吉思汗下定决心，西夏末王一定要杀掉不可。他将脱仑找来，对他耳语了几句。当天夜里，李睍全家便横死在临时驿馆之中，无一幸免。而蒙古人则对外封锁消息，只说李睍一家暂住在大汗行宫。

几天后，成吉思汗又对他的儿子们和几位亲信大臣下了最后一道密诏：

"西夏末主虽降，但中兴府居民尚未来归。为防止西夏再次叛乱，朕死之后，要秘不发丧。"

1227年8月25日，这一天，成吉思汗已经进入弥留状态，对外界的阴晴雨雪、寒暑冷暖已经全然不知了。他微微地眯着双眼，静静地躺在那里，仿佛看到了碧绿的草原、蔚蓝的天空、洁白的云朵和灿烂的阳光。

不久后，一代天骄成吉思汗永远地闭上了眼睛，如愿以偿地在战场上结束了自己波澜壮阔的一生。

遵照成吉思汗的遗言，蒙古大军在大汗升天之后秘不发丧，行宫中、军营里皆平静如常。

三天后，西夏中兴府的军民全部出城投降，西夏王国的领地从此并入大蒙古国的版图。

随后，蒙古大军如平常一样，准备撤军返回草原。成吉思汗的三个儿子和老将军速不台四人，小心翼翼地将成吉思汗的遗体抬上他平日所坐的汗车。

直到大军行至克鲁伦河上游的大营后，成吉思汗升天的消息才对外正式公开。随后，诸位亲王、公主和将领们，马上从这个庞大帝国的四面八方前来奔丧，向他们的大汗告别。

根据蒙古人幼子守灶的风俗，由拖雷主持葬礼。下葬这天，远远近近的草原牧民都扶老携幼地赶来，克鲁伦河上游汇成了人的海洋，他们都在为他们的亲人，为这位草原英雄、"世界的征服者""世界帝国地缔造者"送别。

成吉思汗死后，窝阔台继位为大蒙古国的新任大汗。

7年之后，即1234年，按照成吉思汗生前的既定方略，窝阔台指挥蒙宋联军，攻破金国国都，金哀宗兵败自杀，蒙古人的世代宿仇金国终于灭亡了。

　　49年之后，即1276年，由成吉思汗的爱孙、元世祖忽必烈灭亡了南宋，终于完成了他祖父的最后遗愿，建立了一个史无前例的大元帝国。其疆域之大，需用经纬度来进行计量，"其地北逾阴山，西极流沙，东尽辽左，南越海表"，可谓博大辽阔，空前绝后。

成吉思汗生平大事年表

  1162年5月31日，孛儿只斤·铁木真出生于蒙古乞颜部的一个贵族世家，父亲也速该是蒙古乞颜部的勇士，母亲月伦是弘吉剌部的一位美丽女子。

  1170年 在父亲的安排下，与弘吉剌部德薛禅老人的女儿孛儿帖订婚。归途中，父亲被塔塔儿部害死。

  1171年 泰赤乌部贵族遗弃铁木真母子，乞颜部众相继叛归泰赤乌部。

  1176年 铁木真被泰赤乌部追捕、擒获，在锁儿罕失剌的帮助下逃脱。

  1179年 与孛儿帖完婚。为壮大部落，拜脱里王汗为义父。蔑儿乞人掳走孛儿帖。

  1180年 在王汗、札木合的帮助下，铁木真击溃蔑儿乞部，救出孛儿帖。

  1182年 与札木合一同游牧达一年半，后失和。与札木合分离后，许多旧时部众纷纷归附。

  1189年 被推举为蒙古乞颜部可汗，成为部族首领。初建护卫队。

  1191年 与札木合爆发"十三翼之战"，兵败。

  1196年 随王汗协同金朝攻打塔塔儿部，金朝封铁木真为"察兀忽鲁"。

  1197年 击溃蔑儿乞部脱脱别乞。

  1199年 与王汗联兵，攻破乃蛮部。

  1200年 与王汗联兵，攻打泰赤乌、蔑儿乞联军。

  1201年 击溃以札木合为首的十一部联盟军。

  1202年 先后攻灭塔塔儿部、泰赤乌部。塔塔儿部的消灭，标志着东部蒙古各部已被铁木真征服。

1203年　在札木合的挑唆下，王汗与铁木真失和，率部攻打铁木真，爆发合阑真沙陀之战。

1204年　征服乃蛮部。

1205年　首次出兵攻掠西夏。札木合被铁木真赐死。铁木真统一全蒙古的大业完成。

1206年　草原贵族举行"忽勒里台"，拥立铁木真为蒙古大汗，尊号"成吉思汗"，建立了大蒙古国。

1207年　第二次出兵征讨西夏。

1208年　第三次出兵西夏，西夏襄宗献上公主请和。

1211年　亲率蒙古大军南下征讨金国。9月，破居庸关，进抵金国中都（今北京）城下，控制了黄河以北的整个地区。

1212年　再次率兵南下攻金，攻克宣德府等。

1213年　第三次率大军南下征金。

1214年　包围金国中都，金宣宗求和。成吉思汗率兵退出居庸关。

1215年　相继攻占金国兴中府、中都城等。

1217年　封木华黎为太师、国王，专征金朝。遣速不台率军追歼蔑儿乞残部。遣术赤再次征服西伯利亚森林狩猎诸部落。第四次出兵西夏。

1219年　率大军西征花刺子模。

1220年　攻下不花刺、撒马耳干等城，命哲别、速不台追击花刺子模国王摩柯末。

1222年　命大军追击扎兰丁。哲别、速不台越过高加索山，击破钦察等部落。

1223年　哲别、速不台大破俄罗斯联军，进军至里海北岸。木华黎病逝。

1225年　撤回斡难河源。

1226年　亲率大军出征西夏，相继攻克西夏诸城。

1227年　西夏末主出城投降。8月25日，成吉思汗在清水县西江驻地病逝，终年66岁。同月，西夏献出城池，西夏灭亡。